巴金译文集

文学写照

[苏] 高尔基 著

巴金 译

浙江出版联合集团
浙江文艺出版社

高尔基像（A. Soloveichik 木刻）

上左：托尔斯泰与高尔基，摄于1906年

上右：高尔基与契诃夫1901年在雅尔塔

下图：柯秋宾斯基

上左：米哈依洛夫斯基

上右：普利什文

下图：布罗克

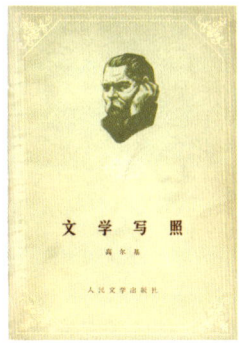
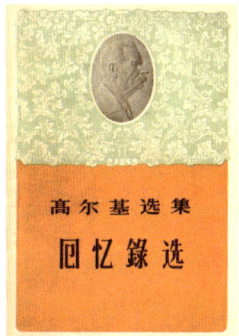

《文学写照》等书中译本书影

出版说明

也许有一天,读者已经忘记高尔基的那些长篇小说,然而,他们会像过去一样推崇这组回忆文章。托尔斯泰"有超人的智慧",契诃夫"聪明而谦虚",柯罗连科"宁静而非常单纯",柯秋宾斯基"在美与善的世界中感觉到非常自如"……在高尔基笔下,这些俄罗斯文学大师复活了,作者以敏锐的洞察力有力地抓住人物的日常谈吐、生活细节,充分写出他们的内心和思想感情,是后世了解他们的最宝贵的资料。

俄国文学史家德·斯·米尔斯基认为:《文学写照》和《日记摘抄》比三部自传"更有说服力地表明,其作者是一位伟大作家";同时,他认为关于托尔斯泰的回忆录,是"关于伟人托尔斯泰最有价值的文字","问题并不在于高尔基的理解力,而在于他具有穿透力的视线。奇妙的是,高尔基看到了其他人无法看到的东西,记录下了其他人即便看到亦无力记录的东西"。

《文学写照》(曾名《回忆录选》)中译本,一九五九年五月人民文学出版社初版;《回忆布罗克》,一九五〇年七月上海平明出版社初版。

本书将两者合为一集出版,现根据巴金生前亲自校订的最后版本排印,用词、标点等均保持此版本原貌。

巴金故居
二〇一八年十一月

目　次

- 001　**文学写照**
- 003　列夫·托尔斯泰
- 096　索菲雅·安德烈耶夫娜·托尔斯泰夫人
- 123　安东·契诃夫
- 155　柯罗连科时代
- 203　符·加·柯罗连科
- 237　米·米·柯秋宾斯基
- 249　尼古拉·加陵-米哈依洛夫斯基
- 276　米哈依尔·普利什文

287　回忆布罗克

289　亚历山大·布罗克

304　人们背着人的时候

313　译后记

315　附录

317　《巴金译文全集》第五卷代跋（节选）

文学写照

列夫·托尔斯泰①

这本小书是根据我在奥列依节②写的一些片段的笔记编成的。那时候③托尔斯泰住在加斯卜拉④,他起先患着重病,以后病渐渐好起来,就在那儿养息。我当时随随便便地在一些纸片上写下这些笔记,我以为它们已经散失了,可是最近我又寻到了它们中间的一部分。我在

---

① 本文最初发表在一九一九年九月和十月的《艺术生活》日报上。当时刊出的就是作者在《前言》中提到的失而复得的笔记。其实这些笔记并未遗失,从一九〇六年到一九一三年底作者都在国外,笔记一直保存在他的前妻叶卡特琳娜·巴甫洛夫娜那里,他回国以后,叶卡特琳娜就把笔记交还给他了。一九一九年发表的《回忆录》只有三十六节。同年出版的《关于列夫·尼古拉耶维奇·托尔斯泰》单行本中除了《笔记》外,还有一九一〇年作者得到托尔斯泰"出走"和逝世的消息时写给柯罗连科的《一封信》。信始终未写完,因此也一直没有寄给受信人。一九二三年作者又用《关于列夫·托尔斯泰的笔记》这个标题在《交谈》杂志第一期上发表了八则新的笔记。

② 奥列依节:在雅尔达附近。

③ 指一九〇一年末到一九〇二年初这一段时期。

④ 加斯卜拉:在俄国南部的克里米亚半岛上。

它们后面附了一封未写完的信,这封信是当初我得到列夫·尼古拉耶维奇离开雅斯纳雅·波良纳①"出走"和他去世的消息时写下来的。我现在发表它,一个字也没有修改,完全依照它原来的内容。而且我也不把它写完,因为不知道什么缘故,我总觉得要写完它是不可能的。

笔　记

一

比一切其他的思想更常来苦恼他的,显然就是关于上帝的思想。有时候它好像并不是一个思想,却是对于某种他觉得是比他高的东西的顽强抵抗。关于它,他所说的话倒比他所想说的少得多,然而他始终在想着这个问题。我不相信这是一个年老的征兆,一个关于死亡的预感;我以为这是从他那出色的人的骄傲上来的,并且多少还有一点是从一种屈辱的感觉上来的:因为像他列夫·托尔斯泰这样的人还不得不拿自己的意志去顺从某种链状球菌,这件事叫他感到耻辱。倘使他是一个自然科学家,他一定会推想出一些天才的假设,而完成一些伟大的发现。

---

① 雅斯纳雅·波良纳:托尔斯泰出生及居住的地方。

二

他的两只手生得很古怪：它们难看，上面高高低低地布满了胀大的血管，然而它们又显得富于特殊的表现力和创造力。莱阿那多·达·芬奇①可能有这样的手。人有这样的手便可以做出任何的事情。有时候他一面说着话，一面伸动他的手指，渐渐地把它们捏拢成一个拳头，随后又突然放开，还说几句美丽的、很有意义的话。他好像是一位神，却又不是沙白阿斯②，也不是奥林普斯山上的神③，他是一位"坐在金色菩提树下的枫树宝座上面的"俄国神，他并不十分威严，可是他也许比所有其他的神都更聪明。

三

他对待苏列尔席次基④用的是一种女人的温存。对待契诃夫他却用了一种父性的爱，这里面含得有一个创造

---

① 莱·达·芬奇（1452—1519）：意大利的雕刻家、画家、建筑师和工程师。
② 沙白阿斯（Sabaoth）：希伯莱人用来赞美耶和华的字眼，沙白阿斯的意思是"万军"，他们称耶和华为万军之耶和华，把天上的星都看作他的军队。
③ 希腊神话，奥林普斯山上住着宙斯等十二位神。
④ 列·安·苏列尔席次基（1872—1916）：一个年轻的艺术家，托尔斯泰的忠实的信徒，因为不肯服兵役曾被流放到中央亚细亚。他后来参加了莫斯科艺术剧院的工作，一九〇五年起担任艺术剧院的导演。托尔斯泰一家的人常常把他的姓缩短为"苏列尔"。

者的骄傲的感情；而苏列尔则引起了他的温存，一种持久的兴趣和一种连魔术家也似乎永远不会感到厌倦的赞赏。这种感情中或许有一点点可笑的成份，就像一个老处女对一只鹦鹉、一只小狗或一只雄猫的爱那样。苏列尔是一种从某一个完全陌生的外国飞来的可爱的、自由的小鸟。像他这样的人要是有一百个的话，那么就可以把一个外省城市的面目和灵魂改变过来。他们会毁坏那个城市的面目，并且在它的灵魂里装满那种追求狂热而出色的恶作剧的热情。要爱上苏列尔，是容易的，并且是愉快的，所以我看见女人们对他冷淡的时候，我居然感到了惊讶和愤慨。也许在这冷淡下面隐藏了一种谨慎。苏列尔也并不是可以信任的。他明天会做些什么呢？也许他会去丢一个炸弹，也许他会去参加酒店的唱歌班子。他有着足够三个人同时消耗的精力，又有像烧红的铁块那样发射火花的生命的火。

然而有一天托尔斯泰却对苏列尔大发脾气。列奥波立德①有一种无政府主义的倾向，常常热烈地谈起个人的自由。而在这种时候，列·尼总要把他嘲笑一番。

我记得苏列尔席次基在什么地方弄到了一本克鲁泡特金公爵②写的薄薄的小册子。他兴奋起来，整天大吹无

---

① 列奥波立德：苏列尔席次基的名字。
② 彼·克鲁泡特金（1842—1921）：俄罗斯的公爵，无政府主义的理论家。二月革命后返国，一九二一年二月在莫斯科病故。

政府主义的真谛，并且滔滔不绝地大谈哲学。

"列伏希卡①，不要讲了，我听腻了，"列·尼厌烦地说。"你像一只鹦鹉似地老是在重复着一个字眼：自由，自由。……它究竟是什么意思呢？倘使你得到你所想的、你所想象的那种自由，那么你会给它引到什么地方去呢？从哲学的观点来说，是到虚无。而在生活中，在实际上，你会变成一个懒人，一个寄生虫。要是你真是像你所说的那样自由了，那么还有什么来把你跟生活，跟人们联系起来呢？你看鸟是自由的，然而它们还要造鸟窝。至于你呢，你连一个窝也不肯动手去造，你像一只公狗那样，到处去解决你的性欲。你认真地想一想，你就会看见，你就会感觉到归根究底，自由不过是空虚，是无限罢了。"

他生气地皱起眉头，沉默了一会儿，又压低声音说下去：

"耶稣是自由的，佛陀也是自由的，他们两个人把全世界人所犯的罪担在自己的肩上；他们自愿地做地上生活的俘虏。没有人，没有一个人比他们走得更远一点。……至于你，至于我们……我们做过了什么呢？我们都在想法免除我们对我们邻人的义务，然而使我们成为人的却正是这种义务的感情，而且要是没有了这种感情，那么我们就会活得跟禽兽一样了。……"

---

① 列伏希卡：列奥波立德的爱称。

他带了讥讽的微笑接着往下说：

"现在，我们还在辩论所谓较好的生活应该是什么样的一种生活。辩论的结果不会有多大的好处，可是也不会太少。譬如说，你在跟我争论，你气得那么厉害，连你的鼻子也变青了，可是你却不动手打我，连骂也没有咒骂过我。然而要是你真正觉得自由了的话，你会把我痛打一顿，我就是这个意思。"

他又沉默了一会儿，再接着说：

"只有在我周围的一切人和一切事物跟我一致的时候，我才是自由的，然而到了那个时候，我已经不存在了，因为我们只有在冲突与矛盾中才感觉到我们自己。"

四

戈尔登淮塞尔①弹了肖邦②的乐曲，引起列夫·尼古拉耶维奇发表了下面的意见："我不记得哪一个德国小邦的国王说过这样的话：'人要是想养奴隶，他就得尽量地多作乐典。'这倒是正确的想法，精确的观察：音乐使人心麻痹。天主教徒比任何人都更明白这个。不用说，我

---

① 亚·包·戈尔登淮塞尔：一八七五年生，卒年不详；苏联著名钢琴家和作曲家。那些日子里他常到托尔斯泰家里去弹琴。一九二二年他的日记在莫斯科刊行，标题是《在托尔斯泰的近旁》。
② 弗·肖邦（1810—1849）：波兰作曲家和钢琴家。

们的教士绝不肯在教堂里弹奏门得尔孙①的乐曲。一个图拉②的教士有一天甚至对我确切地证明说,耶稣并不是犹太人,虽然他是一个犹太上帝的儿子,他的母亲是一个犹太女人;——这一点他倒是承认的,可是他又说:'这不可能。'我问他:'那么怎样呢?'他把肩头一耸回答我说:'我以为这是不可思议的!'"

五

列夫·尼古拉耶维奇说:"知识分子很像那个加里西亚的公爵,符拉季米尔科,他远在十二世纪就敢于'大胆地'公开说:'在我们这个时代再没有奇迹了。'他说了这句话以后,六百年又过去了,知识分子仍然反复地互相说:'不再有奇迹了,不再有奇迹了。'可是人民还继续相信着奇迹,就跟在十二世纪一样。"

六

他说:"少数人需要一个上帝,因为他们除了上帝以外什么东西都有了,多数人也需要上帝,因为他们什么东西都没有。"

我的意见跟他的不同,我倒想说:"多数人因为他们

---

① 门得尔孙(1809—1847):德国籍犹太音乐家。
② 图拉:俄国中部的一个城市。距雅斯纳雅·波良纳约七英里。

胆小而信仰上帝，只有少数人信仰上帝是因为他们的灵魂充实。"①

"你喜欢安徒生②的童话么？"他带着沉思的样子问我道。"当初玛尔科·沃弗奇科的译本出版的时候，我还不了解它们，可是过了十年我再拿起那本小书来读，我一下就明白安徒生是非常孤寂的。非常孤寂。我不了解他的生活。我相信他的生活是放荡的，而且他常常旅行，走过的地方很多，可是这只是证实了我的想法：他是孤寂的。他正因为这个缘故，才写给儿童们念的东西，他以为儿童比成人有更多的怜悯心，这个见解是错误的。儿童对什么都不会怜悯，他们是不能够怜悯的。"

七

他劝过我念佛经。谈起佛教和基督来他总是带着感伤的调子；特别是谈到基督时他的言辞显得贫弱：他的话里面没有热忱，没有感动，也没有一线火花从他的心里发射出来。我觉得他把基督当作一个天真的、值得我们怜悯的人，他虽然也常常赞美基督，他却并不见得爱基督。我还觉得他好像在耽心：万一基督到了一个俄罗

---

① 为了避免误解，我应当说明：我是把宗教著作当成文学作品的；我还把释迦、基督、穆罕默德的传记都当成想象的小说来看。——作者注
② 汉·安徒生（1805—1875）：丹麦童话作家。

斯乡村里来,那些荡妇、娼妓会把他大大地戏弄一番。

八

今天尼古拉·米哈依洛维奇大公爵在那儿,他好像是一个很聪明的人。他态度谦逊,讲话不多。他有着温和可亲的眼睛,堂堂的相貌和安详的举止。列·尼和蔼地对他微笑,跟他有时讲法国话,有时讲英国话。他又用俄国话对他说:

"卡拉姆津①为了沙皇写作,索洛维约夫②写得冗长而乏味,克柳切夫斯基③却是为了自己的消遣写作的。他太狡猾:你读他的文章,你相信他在赞美,可是你仔细想一下;你就看出来他是在咒骂了。"

有人提起了扎别林④的名字,列·尼说:

"他很好。一个道地的司书。一个古董爱好者,他不管是有用或者没用的东西,全搜集在一块儿。他讲到食物的时候,好像他从来没有吃饱似的。不过他是非常、非常有趣的。"

---

① 尼·米·卡拉姆津(1766—1826):俄国历史学家和小说家。
② 谢·米·索洛维约夫(1820—1879):俄国历史学家。
③ 瓦·奥·克柳切夫斯基(1841—1911):俄国历史学家。
④ 伊·叶·扎别林(1820—1908)俄国历史学家和考古学家。

九

他使我想起那班朝山的香客，他们一生就是捏着短棒跨着大步，步行千万里①路，从这一个寺院走到那一个寺院，从这一位圣者的遗骨看到那一位圣者的遗骨，永远无依无靠，对一切人和一切事物都是非常生疏。这个世界并不是为他们创造的，上帝也不是为他们存在的。他们照着习惯祷告上帝；可是在心里他们却暗暗地恨"他"。"他"为什么要逼迫他们从大地的这一端飘游到那一端呢？为什么呢？对于他们，人不过是断桩、残根、路上的石块，他们会撞上这些东西，而且有时候会受伤的。自然，他们也可以不撞到这些东西，可是有时候为了叫一个跟自己接近的人惊奇的缘故，对他表示自己跟他不同，自己的意见跟他的不一致，也是一件愉快的事。

一〇

他说：

"普鲁士的国王弗列特利克大帝说得很好：'每个人应当依照他自己的办法救自己。'他又说：'随你高兴去议论吧，不过你得服从。'可是在他临死的时候他却承认说：'我倦于统率奴隶了。'所谓伟大人物总是矛盾得厉害。这跟他们所有其它的蠢事一块儿被人宽恕了。然而

---

① 指俄里，即维尔斯特。

矛盾究竟不是蠢事。傻瓜是顽固的,但是他并不矛盾。不错,弗列特利克是一个怪人;德国人恭维他是一个最好的君主,可是他却不喜欢德国人。他连歌德①和魏南特②,也不喜欢。"

——

昨天晚上谈到巴尔蒙特③的诗,他说:"浪漫主义是从人们害怕面对真理的这种畏惧心来的。"苏列尔不赞成这个见解,他激动得连话都说不清楚了,他非常感动地再朗诵了些巴尔蒙特的诗。

"列伏希卡,"他说,"这不是诗句,这是吹牛,这是中世纪人们所谓的无聊东西,这是一串没有意义的文字。真正的诗是朴素的;费特④写着:

我自己也不知道我要歌唱什么,

可是一首歌已在我心中成熟。

的时候,他已经表示出了一般人对于诗的真正的感觉。农人也并不知道自己唱的是什么,可是啊,唯,呀,嗳——这便是一首直接从灵魂中发出来的真正的歌,就

---

① 歌德(1749—1832):德国诗人和博学的著作家。
② 魏南特(1733—1813):德国诗人和散文作家。
③ 康·德·巴尔蒙特(1867—1943):俄罗斯象征派诗人。
④ 阿·阿·费特(1820—1892):俄罗斯抒情诗人。

跟小鸟的歌一样。而在你们那班新诗人,却完全是虚构。还有那些叫做'巴黎流行品'的法国废物。这就是你那些制造诗的家伙擅长的东西。涅克拉索夫①的那些坏诗从头到尾都不过是虚构。"

"贝朗瑞②呢?"苏列尔问道。

"贝朗瑞么,那又当别论。法国人跟我们中间有什么共同的地方?他们是好色的;他们认为肉的生活比灵的生活更重要。对一个法国人来说,女人占第一位。这是一个衰老的、精力耗尽了的民族。医生说过所有害肺病的人都是好色的。"

苏列尔像他平日那样直率地争论起来,滔滔不绝地随便说了一大堆话。列·尼望着他笑了,一面说:"你今天倒好像一个到了结婚年龄而没有男朋友的小姐那样地在耍脾气了。"

一二

病使他变得更枯瘦了,他的内部有什么东西给病消耗光了;在内心方面他显得更轻快,更明澈,更接近生活。他的两只眼睛变得更锐利,眼光更深透。他用心地听人讲话,好像他在努力回忆一些久已忘却的事情,或

---

① 尼·阿·涅克拉索夫(1821—1878):俄国诗人。
② 彼·让·贝朗瑞(1780—1857):法国诗人。

者他在等待着别人告诉他一些新的、未知的事情。在雅斯纳雅·波良纳，他让我觉得他是一个什么都知道而且用不着再学习什么的人，对于他什么问题都已经解决了。

一三

托尔斯泰倘使是一尾鱼，他一定是在大洋里面游泳，绝不会游进内海，更不会游到淡水河里。一条小鱼在他的四周游来游去，他所说的话它完全不感兴趣；对它毫无用处；他的沉默既不使它惊恐，也不使它感动。然而他的沉默既威严，又巧妙，很像一个真正离群索居的隐士。虽然关于某一些问题他感到有讲话的义务，出来说了许多话，可是人还是觉得他有更多的话不曾说出来。有些事他不能够对任何人谈。不用说，他有一些连他自己也害怕的思想。

一四

有人送给他一种很好的关于基督的教子①的故事的变文。他很高兴地念给苏列尔和契诃夫听，而且念得非常好！他特别欣赏魔鬼们对地主用的惩罚，在他的态度上有什么地方使我不喜欢。他不会是不诚实的，可是正因为<u>他诚实，就更糟了</u>。

① 教子：受洗礼领教名的男孩。

随后他说:

"你们看农人也会做文章。一切都是简单的,话很少,而感情多。真正的智慧并不罗嗦;譬如说:'主啊,可怜我们。'"

不过这篇小故事倒相当残酷。

一五

他对我只感到一种人种学上的兴趣。在他的眼睛里我是一种他完全不知道的人的代表,此外再没有别的了。

一六

我把我的短篇小说《公牛》念给他听。他笑了好一阵,又恭维我知道"语言的技巧"。

"不过您用字遣词却并不高明。所有您的那些农人讲话都太聪明了。在实际生活里他们讲话都很蠢,而且次序颠倒,不相连贯,你起初一听,简直不懂他们想说些什么。他们是故意这样做的:在他们愚蠢的语言后面始终藏着那个想使对方讲出心事来的愿望。一个好的农人从来不会一下子就露出自己的聪明来,这是对他不利的。他知道一般人跟傻瓜、蠢人接近的时候,总是不怀恶意不用欺诈的,这正是他所希望的。你在他面前一坦白,他立刻就看出了所有你的弱点。他对谁都不相信,就是对他的老婆他也怕讲出他的心事。然而在您的小说里面，他们全是那么坦白爽快；在您的每篇小说里面都有自作聪明的人们的大聚会。他们全用警句谈话，这也是不对的：警句在俄国话里是不相宜的。"

"可是谚语和格言呢？"

"那又当别论，它们不是今天才有的。"

"然而您自己也常常用警句谈话呢。"

"我从没有！而且您把一切都美化了，人啦，大自然啦，特别是人都给您美化了！列斯科夫[①]就是这样的，这是一个矫揉造作的、不自然的作家，很久就没有人念他的作品了。您不要受别人的影响，也不要害怕任何一个人，那么一切都没有问题了。……"

一七

他把他的日记本拿给我看，里面有一个奇怪的警句使我吃了一惊，那是："上帝是我的欲望。"

今天我把那个本子还给他，我问他那句话是什么意思。

"一个未完成的思想，"他半闭上眼睛望着书页，一面回答道。"我一定是想说：'上帝是我想认识他的欲望。'……不，不是这个意思。"他笑了起来，把那个本

[①] 尼·谢·列斯科夫（1831—1895）：俄罗斯小说家。高尔基称他为"俄罗斯语言的最杰出的专家"。

子卷成一个筒子,放到他那件粗布外衣的大口袋里面去。他跟上帝的关系是很不确定的;它们有时候使我想起了"一个洞里面两只大熊"①的关系。

一八

关于科学,他说:

"科学是一个走江湖的炼金术士造的金元宝。你想把它简单化,使它跟所有的人接近,换句话说,就是铸造大量的伪币。将来有一天人民知道这种钱币的真正价值的时候,他们不会感激你的!"

一九

我们一块儿在尤苏波夫公园里散步。他谈起莫斯科贵族的生活习惯谈得非常出色。一个肥胖的俄国农妇在花坛前面工作;身子弯成直角,露出她那一双象腿似的粗腿;她那对肥大的奶子一直在颤动。他注意地望着她。他说:

"所有那一切的繁荣豪华都是建立在这种女象柱上面的。这不单是靠着农人农妇们的劳力,和他们所缴纳的租税,并且还是靠着人民的血液,实实在在的血液的。倘使贵族不是时常跟她这样的母马交配的话,那么他们早就绝

---

① 这就是说:两雄不并立。

种了。像我那个时代的年轻人那样,消耗了精力,是不能不受到惩罚的。然而他们胡闹了一阵之后,他们里面有许多人便跟农奴的姑娘们结了婚,生出了好种。照这样说,也还是靠农人的力量救了他们的。农人的力量到处都有用。贵族家庭中总有一半人把他们的力量为自己消耗掉,另外的一半人就把自己的血跟乡下人的浓血混合在一块儿,乡下人的浓血也因此给冲淡了些。这倒是有好处的。"

二〇

他很爱讲女人,就像一个法国小说家那样,然而他总是带着俄国农人的那种粗俗的腔调,以前我听起来总觉得不舒服。

今天在杏树林里他问契诃夫道:

"您年轻时候很荒唐过一番吧?"

安·巴①受窘地笑了笑,拉了一下他颔下的小胡子,呐呐地讲出一两句听不清楚的话来。列·尼望着海,一面承认地说:

"我当时是一个不要命的……"

他说这句话的时候带了一种忏悔的样子,收尾用了一个农人常用的猥亵字眼。这时我才头一次注意到他说出这个字眼显得非常容易,好像他就找不到一个可以

① 安·巴:即契诃夫(1860—1904),俄罗斯作家。

代替它的另外的字眼似的。整句话从他那长着胡子的嘴里说出来显得非常单纯、自然,话在半路上就失去了它们那种军人常用的粗俗和猥亵的味道了。我还记得我初次会见他的情形以及他谈起《瓦连卡·奥列索娃》和《二十六个和一个》①时所讲的那些话。

依常情来说,他的话只是一串"肮脏的"字眼罢了。我给它们弄得莫名其妙,甚至恼怒了。我觉得他好像认为我就只能懂这样一种语言似的。我现在才看出来我那时候恼怒,实在是愚蠢得很。

二一

他坐在丝柏树下一个石凳上面,看起来又瘦又小,而且很老了。然而他还是像一个上帝,现在有点疲乏,在跟着一只燕雀的叫声吹口哨消遣。那只小鸟正躲在树叶浓密的地方唱歌;列·尼皱起他一双锐利的小眼睛朝那个方向望着,并且像小孩似地尖起嘴唇笨拙地吹起口哨来。

"它在生气了,这个小东西!它拚命在叫。它是什么鸟啊?"

我便对他讲起燕雀来,我还讲到这种鸟的妒忌的特性。

"它一生就只能唱一首歌,然而它还是妒忌。人心里有几百首歌,他也还是因为妒忌挨骂!难道这是公平

---

① 高尔基的两篇小说。

的吗？"他带着沉思的样子说，好像他在问他自己似的。"在有些时候一个男人对一个女人说了比她所应当知道的更多的关于他自己的话。他以后就忘记了他的话，可是她还记得。妒忌会不会是从那担心自己灵魂堕落的恐惧，从那担心会被侮辱、会成为可笑的害怕产生的呢？一个抓紧你的××的女人并不危险，危险的倒是那个抓紧你的灵魂的女人。"

我对他说他这番话跟他的小说《克来采长曲》有点冲突；愉快的微笑在他的全部胡子上面出现了，他回答我说：

"我不是一只燕雀。"

晚上在散步的时候他突然说：

"人经历过了地震、瘟疫、疾病的恐怖以及种种灵魂的折磨，然而无论什么时候，在过去也好，现在也好，将来也好，他的最惨痛的悲剧都得数那个床笫间的悲剧了。"

他说着这样的话，不觉得意地微笑了：他时不时地露出一种豁达的、安静的微笑，一个人克服了极大的困难，或者突然觉得那个折磨了他许久的锐利的痛苦消失了以后，就会有这样的微笑。每一个思想都像扁虱似地咬住了他的灵魂；他要不把它立刻弄掉，就得让它饱餐他的血，等到它的肚子喂饱了，它自己也会离开，不给他知道的。

有一次他正在津津有味地谈论禁欲主义，忽然皱皱眉头，咂咂嘴，严肃地说：

"是缝起来的，不是逢起来的；有'缝'这个动词，没有'逢'这个动词……"

这句话跟禁欲主义的哲学显然毫无关系。他注意到我的惊讶，连忙说，一面朝着隔壁房间的门点点头：

"他们在那边说：逢好的被子。"

他接着又说："那个列朗①只会叽叽喳喳地讲甜言甜语……"

他常常对我说：

"您讲故事很好，用您自己的字句，很生动，并不照抄书本。"

然而他差不多总是指出我的文字上的疏忽，他好像在对自己说话似地小声说：

"'相同地'和接着用的'绝对地'其实应当用'完全地'这个副词。"

有时候他责备我说：

"'不固定的典型。'人怎么能够把两个在精神上很不相同的字眼结合在一块儿呢？这是不好的……"

我觉得他对语言文字的形式的敏感有时候锐利到一种病态的程度。有一次他对我说：

"我在某一个作家的文章里，一个句子里面同时找到

---

① 艾·列朗（1823—1890）：法国资产阶级历史学家、语言学家和哲学家。

'柯希卡'(猫)和'基希卡'(肠)两个字。这叫人讨厌!我实在受不了。"

有一次他从公园回来,又说:

"……我不喜欢语言学家,他们是些枯燥无味的学究。然而在他们面前明明摆着语言方面的重要工作。我们讲话常常用些连我们自己也不懂的字眼。譬如有些动词是怎样来的,我们一点也不明白。"

他常常谈到陀思妥耶夫斯基的语言:

"他写得很丑恶,而且甚至于故意写得脏——我相信这是故意的,是为了他想卖弄。他喜欢表现自己。他在《白痴》①里写着:'厚着脸皮纠缠并且"阿菲谢瓦尼耶"熟人。'我想他故意曲解了动词'阿菲希罗瓦其'②的用法,因为那个动词是外来语,是从西欧来的。然而我们还可以找到他的别的不能宽恕的错误:那个'白痴'说'驴子是一个好心而有用的人',这句话本来应当引起人们大笑或者讲什么话的,可是在场的人却没有一个笑过。他是当着他的三个妹妹的面说出来的,她们都喜欢戏弄他,尤其是阿格拉雅。一般人都说这本书不好,可是书里面最坏的地方却是梅希金公爵是害癫痫病的。倘使他是个身体健康的人,那么他的直率,他的纯洁会使我们

---

① 《白痴》:费·陀思妥耶夫斯基(1821—1881)的一部长篇小说。

② "阿菲希罗瓦其":吹牛、自负一类的意思。

大受感动的。可是陀思妥耶夫斯基没有勇气把他写成一个健康的人。并且他素来就不喜欢健康的人。他相信既然他自己是个病人,那么全世界也在生病……"

他把描写谢尔吉依神父①堕落的场面的一种变文念给苏列尔和我听。那个场面是很残酷的。苏列尔做出愁眉苦脸的样子,烦躁不安地在椅子上擦动。

"你怎么啦?你不喜欢它吗?"列·尼问道。

"这太残酷了。别人会说是陀思妥耶夫斯基写的。那个龌龊的女孩子,奶子像煎饼一样。……为什么他不跟一个健康、漂亮的女人犯奸呢?"

"那样奸罪便是不可原谅的了,而在这儿他还可以辩解说他怜悯那个女孩子。谁愿意要这样的一个女孩子呢?"

"我不明白……"

"列伏希卡,你不明白的事情多着呢。你并不太狡猾……"

安德烈·里沃维奇②的夫人进来了,打断了他们的谈话。等她同苏列尔一块儿到耳房去了以后,列·尼便对

---

① 谢尔吉依神父:见托尔斯泰的中篇小说《谢尔吉依神父》。
② 安德烈·里沃维奇:托尔斯泰的第四个儿子。在思想上跟他的父亲立在反对的地位。

我说：

"列奥波立德是我认识的人中间最纯洁的。他也是像这样的：倘使他做了什么坏事情，那一定是由于怜悯谁的缘故。"

二二

他最喜欢讲的题目是上帝、农人、女人。他很少讲到文学，讲起来话也不多，好像文学跟他不相干似的。据我看来，他对于女人怀着一种不能和解的敌意。他喜欢惩罚她，除非她是一个吉蒂①，或者一个娜达莎·罗斯托娃②，就是说，除非她是一个眼界不太狭小的女性的时候。这是一个没有得着他本来可以得到的全部幸福的男人的怨恨吗，或者是对于"使人屈辱的肉欲"的精神上的反抗呢？然而这毕竟是敌意，一种冷酷的敌意，就像在《安娜·卡列尼娜》里面那样。对于"使人屈辱的肉欲"，他在星期天和契诃夫、叶尔巴季耶夫斯基③两人谈到卢骚④的《忏悔录》时，讲得非常好。苏列尔已经把这次的谈话记录下来了，然而他在煮咖啡的时候又把这个

---

① 吉蒂：托尔斯泰的长篇小说《安娜·卡列尼娜》的一个女主人公，列文的年轻的妻子。
② 娜达莎·罗斯托娃：托尔斯泰另一部长篇小说《战争与和平》的女主人公。
③ 谢·雅·叶尔巴季耶夫斯基（1854—1933）：俄罗斯民粹派作家。
④ 让·雅·卢骚（1712—1778）：法国思想家和小资产阶级民主主义者。

记录在酒精灯上烧掉了。他已经有过一次烧掉了列·尼关于易卜生①的意见,又失去了列·尼关于结婚仪式的象征主义的谈话记录,列·尼的这一类带有浓厚异教气味的意见有时候跟罗扎诺夫②的意见很接近。

二三

早晨有几个斯登教徒③从费奥多西亚来,今天他整天都热心地谈着农人的事情。

早餐的时候他说:"他们来了,两个人都是多么强壮,多么结实;其中的一个说:'喂,我们没有被邀请就来了。'另一个说:'希望上帝保佑,我们不要挨一顿打回去。'"他发出一阵小孩一般的大笑,笑得他全身都摇动了。

吃过早饭以后大家坐在露台上,他又说:"我们不久就不再懂人民的语言了。我们谈着'进步的学说''个人在历史中的作用''科学的进化',和'赤痢'。而农人却会对你说:'纸里包不住火。'那么所有你的学说,你的历史,你的进化都变成可怜而又可笑的了,因为人民不了解它们,也不需要它们。农人比我们强壮,他的生命力强,而我们呢,天知道,我们有一天会碰到阿楚尔族

---

① 亨·易卜生(1828—1906):挪威剧作家。
② 罗扎诺夫(1856—1919):俄罗斯宗教思想家和著作家。
③ 斯登教徒:十九世纪六十年代俄国农民中间一派信仰《新约》的基督教徒。

的那种情形,据说有人对一位学者讲过阿楚尔族的事情,说:'所有阿楚尔族的人全死了,可是这儿还有一只鹦鹉懂得几句阿楚尔人的话。'"

二四

他说:

"女人在肉体上比男人更诚实,而在思想上却比男人更虚伪。可是她撒谎的时候,她并不相信她所说的话;卢骚也撒谎,他却相信自己的谎话。"

二五

他说:

"陀思妥耶夫斯基描写他的某一个狂人的时候,曾说他活着是在对别人也对他自己报仇,因为他曾经为他自己并不相信的东西出过力。他这是在写自己,我是说,他也可以用同样的话写他自己。"

二六

他说:

"宗教上的一些用语实在是意思晦涩得出奇。例如'主的大地和它的丰饶'这一句的意思是什么呢?这不再是《圣经》了,这是一种通俗化的科学唯物论。"

"可是您已经在什么地方解释过这句话了。"苏列尔说。

"我解释过的并不多。……'解释了一处也不能说明一切。'"

他狡猾地微微一笑。

二七

他喜欢对人提出一些困难的使人发窘的问题:

"您觉得您自己怎样?"

"您爱您的妻子吗?"

"您相信我的儿子列夫①有才能吗?"

"您喜欢索菲雅·安德烈耶夫娜②吗?"

要在他面前撒谎是不可能的。

有一天他问我:

"阿列克塞·玛克西莫维奇,您喜欢我吗?"

这是一个包加狄尔③,一个巨大的武士的恶作剧:诺弗戈罗德的调皮英雄瓦希卡·布斯拉耶夫④在他年轻时候也常常干这种恶戏。他在"考验",他一直在试探,好像他在准备作战似的。这固然很有趣,但是我并不喜欢。

---

① 列夫:托尔斯泰的第三个儿子,生于一八六九年。

② 索菲雅·安德烈耶夫娜:托尔斯泰的夫人。

③ 包加狄尔:俄文 Богатыръ,俄罗斯民间传说和英雄史诗中的武士,身材非常高大,气力大,胆量也大。

④ 瓦希卡·布斯拉耶夫:俄罗斯勇士,民歌中的英雄。

他是一个魔鬼,而我还只是一个吃奶的婴孩,他不应当打扰我。

二八

对于他农人也许不过是一种恶臭。他总是闻到这臭味,所以不管他愿意不愿意,他却不得不讲它。

昨天晚上我对他讲了我跟柯尔纳将军的寡妇打架的事情;他笑得流出眼泪,甚至于笑痛了肚皮,他接连叫着"啊!"并且用尖细的声音说:

"用了铲子!打在……用了铲子……喂!正打在……!铲子很宽吧?"

他停了一会儿,又接下去正经地说:

"您像那样地打她实在是大量。换一个人会打破了她的头。您真大量!您懂得她看中了您吗?"

"我再也记不起来了;我不相信我那时候就懂得……"

"可是,啊,这是明显的!一定是那样。"

"我当时却没有心思想到那种事情……"

"不管您有心思想到什么,都是一样的!您不是一个肯对女人献殷勤的人,这是很明显的。换了一个人,他就会利用这个机会图利了,他会变成一个有房产的财主,跟她整天喝酒过一辈子。"

他停了一会儿又说：

"您真是有趣！请您不要生气：太有趣了！这倒是件很奇怪的事：在您本来有权做坏事的时候，而您却是那么好。是的，您是可以做坏事的。您很强，这很好……"

他又沉默了一会儿，然后带着沉思的样子说：

"我不了解您的精神状态，它是非常复杂的，可是您却有一颗聪明的心……是的，非常聪明的！"

附注：

我从前住在喀山的时候，曾经在柯尔纳将军的寡妇的家里当过花匠和打扫院子的人。她是一个法国女人，年纪轻，身子肥壮，却有一双小脚，小得跟小女孩的脚一样。她有一对很漂亮的眼睛，眼珠老是在转来转去，眼睛老是张得大大的，贪婪地望着人。我想她结婚以前大概是一个女售货员，或者一个厨娘，也许还是一个"姑娘"。她早晨起来就喝得醉醺醺的，走到院子或者花园里来，身上只穿一件衬衫，再加一件橙黄色的睡衣，脚上趿了一双红羊皮的鞑靼拖鞋；她一头浓密的长发，随随便便地束着，垂在她那红艳的两颊和两个肩头上面。这是一个年轻的巫婆。她在花园里走来走去，嘴里哼着法国曲子，在旁边守着我做工；她时时走到厨房的窗口，大声说：

"宝林娜,给我一点东西。"

这个"一点东西"永远是一样的:一杯有冰的酒。

在她的房屋的楼下住着三位德-格公爵小姐,她们过着孤女的生活:她们的母亲已经死了,父亲是一个兵站总监,出差去了。柯尔纳将军夫人很厌恶这三位年轻小姐,用了千方百计欺负她们,想赶她们搬家。虽然她讲不好俄国话,可是咒骂起来却跟一个道地的马车夫一样。她对待这三位对人无害的小姐的态度使我很不高兴(她们是这么忧郁、惊恐,而且无法自卫的)。有一天将近正午的光景,两位小姐在园子里散步,将军夫人突然来了,像平日那样喝得醉醺醺的,在她们后面嚷起来,赶她们出去。她们默默地朝园子外面走去,可是将军夫人却站在花园小门的门口,拿她的身子像软木塞一样堵住门,不绝口地用那种连马也害怕听的骂人的俄国话去咒她们。我求她不要再骂了,让那两位小姐走出去,可是她却大声叫起来:

"我知道你!你——你晚上爬窗子到她们那儿去……"

我动了气,抓住她的肩膀,把她从门口推开;可是她挣脱了身子,掉转来向着我,很快地解开她的睡衣,撩起她的衬衫,大声说:

"我比这些小老鼠好得多啊!"

我这时气极了,就捉住她,把她打了一个转,然后

用我的铲子朝她的背的下面打了一下,打得她连忙跑出了园门,猛扑到院子里去,大为吃惊地叫了三次:

"啊,啊,啊!"

以后我便向她的亲信宝林娜要回我的护照,宝林娜也是一个酒鬼,不过她很狡猾;我挟着我那包东西走出院子的时候,将军夫人站在一面窗前,手里拿着一方红手绢,对我大声说:

"我不叫警察来……不要紧……听我说!你还是回来吧。……不要害怕。……"

二九

我问他:

"波兹尼谢夫①说,医生们杀害了而且还在杀害成千成万的人,您是不是赞成他的意见呢?"

"您很想知道吗?"

"很想。"

"那么我就不告诉您。"

他笑了笑,一面玩弄着他的两根大拇指。

我想起来在他的一个短篇小说里面,他把一个次等的乡下兽医跟一个真正的医生比较了一下。

"像'元气''痔疮''放血'这一类的字眼,它们不

---

① 波兹尼谢夫:托尔斯泰的中篇小说《克来采长曲》的男主人公。

是恰恰跟'神经''风湿症''有机体'等等一样的吗?"

而且这是在有了勤纳①、白林②、巴斯德③之后写的。这太调皮了。

三〇

真奇怪他居然这么喜欢打纸牌!他认真地、热情地打着牌。他拿起牌的时候,他的手激动得厉害,好像他捏在他的手指头中间的不是没有生命的硬纸片,而是几只活的小鸟。

三一

他说:

"狄更斯④说得很聪明:'我们得到生命的时候附带有一个不可少的条件:我们应当勇敢地保护它一直到最后一分钟。'可是就大体说,他是一个伤感的、多话的、并不太聪明的作家。不过他比别人更懂得怎样结构成一部长篇小说,不用说,他在这方面比巴尔扎克⑤好得多。有人说过:'许多人都给著书的热情控制住了,可是只有寥

---

① 艾·勤纳(1749—1823):英国医生,牛痘接种法的发见者。
② 艾·冯·白林(1854—1917):德国细菌学家。
③ 路易·巴斯德(1822—1895):法国化学家和细菌学家。
④ 恰·狄更斯(1812—1870):英国小说家。
⑤ 奥·德·巴尔扎克(1799—1850):法国小说家,《人间喜剧》的作者。

寥几个人后来为自己的著作感到惭愧。'巴尔扎克并不惭愧,狄更斯也不惭愧,然而他们两个人都写过不少的坏作品。可是不管怎样,巴尔扎克仍然是一个天才,这就是说,他是一个你只能够称做天才的人。……"

有人给了他一本列夫·季霍米罗夫①的书《我为什么不再做一个革命者》。列夫·尼古拉耶维奇从桌子上拿起这本小书在空中挥动了几下,一面说:

"这里面讲到政治暗杀,讲到这种斗争方法本身并没有一个明确的观念,都讲得很好。这个省悟了的暗杀者说,像这样的观念只能够是个人的无政府的专制和对社会对人类的蔑视。这是正确的思想,不过'无政府的专制'这个用语是他的笔误,应该是'君主的专制'。这是好的、正确的思想,所有的恐怖主义者在这儿都会给绊倒,不用说,我指的是正直诚实的恐怖主义者。那些嗜杀成性的人是不会给绊倒的。没有一样东西会使他跌倒。然而他只是一个普通的凶手,不过是偶尔做了一个恐怖主义者罢了。"

---

① 季霍米罗夫(1850—1923):七十年代的俄国民粹派革命者和恐怖主义者,还是民意社执行委员会的委员。他曾经亡命巴黎,后来改变主张,投到反动阵营里去了。

三二

有时他自负而且小器,跟伏尔加河一带的信教者一样。这个事实在他这位成了全世界的洪钟的巨人身上,是可怕的。昨天他对我说:

"我比您更近于农人,我也比您更有农人的感情。"

啊,主啊!他不应当拿这个自夸。不,他不应当!

三三

我把我的戏《在底层》念了几场给他听。他注意地听过了,然后问我道:

"您为什么写这个戏?"

我努力说明我的意思。他说:

"人老是看见您像一只公鸡似的,不管遇到什么都要扑过去。其次,您总是用您自己的油漆涂满所有的缝隙。您该记得安徒生的话吧:'镀的金会磨光,猪皮倒永远留在那儿。'或者像我们的农人说的那样:'一切都会过去,只有真理留着。'最好还是不要涂什么,否则您后来会上当的。然后再讲您的语言,它很巧妙,而且过于做作。这是不行的。应当写得更简单一点。老百姓讲的是一种简单的语言,甚至好像并不连贯,可是他们还是讲得很好。农人不会像某一位有教养的小姐那样发问:'既然四总是比三多,那么为什么四分之一却比三分之一少呢?'

不应当卖弄技巧。"

他用了一种不满意的调子在讲话。我刚才读给他听的东西显然使他很不高兴。过了一会儿,他并不望着我,忧郁地说:

"您的老头子①并不可爱,我们不相信他是善良的。演员倒很好。您念过《教育的果实》②吗?那里面有一个厨子跟您的演员倒很像。写戏是不容易的事。您的娼妓也写得成功,她们大概就是这样。您见过这一类的人吗?"

"见过。"

"这是看得出来的。无论在什么地方真理都会自己显露出来。您在戏里把您自己的话说得太多,所以在您的戏里面并没有人物,所有的人全是一样的。您大概不了解女人;您没有写成功一个女人,连一个也没有。人不会记得她们的。……"

安德烈·里沃维奇的夫人进来请我们出去喝茶;他连忙站起来急急地走出去了,好像他很高兴把这谈话结束似的。

---

① 指《在底层》中的一个人物,就是那个六十岁的香客鲁卡。以下的演员和娼妓都是《在底层》中的人物。
② 《教育的果实》:托尔斯泰在一八八九年写的一个四幕喜剧。

三四

"您做过的梦里面哪一个最可怕?"他问我道。

我很少做梦,我也不记得做过的梦了;可是有两个梦却留在我的记忆里面,也许我一生都不会忘记它们。

有一次我梦见一个害瘰疬病的、腐烂的绿黄色的天空,和许多圆而扁平的星,没有光线,也没有光泽,就像病人身上的小疮一样。在这个腐烂的天空中,在这些小疮似的星星的中间,慢慢地爬着一道带红色的电光,这道电光活像是一条蛇,它触到一颗星的时候,这颗星就会胀起来变成一个球,而且不发一点响声就炸开了,只剩下一个浅黑色的点子,一种轻烟似的东西,它很快地就在化脓的、成了液体的天空中消失了。所有的星星就这样地一个跟着一个全炸开而且全消失了,天变得更暗,更可怕,然后它就旋转起来,沸腾起来,分裂成无数的碎块,朝我的头上落下液体的冰冻来;在那些碎块中间的空隙地方,露出一种发亮的黑色,仿佛洋铁瓦一样。"

列·尼说:

"您这梦是从一本科学书上面来的,您一定读了什么天文学的书,您这个噩梦就是从那儿来的。另外的一个梦呢?"

"另外的一个梦:一片积雪的平原,地面平滑得像一张纸,连一座小山也没有,一棵树也没有,一丛灌木也没有；只有寥寥的几根桦树枝隐隐地露到雪上面来。在这个死寂的荒原的积雪上，现出一条几乎辨认不出来的黄色的路，路从这一边的地平线延长到那一面的地平线上去，在这条路上慢慢地走着灰色毡子的长靴——是一对空的靴子。"

他扬起他那对地仙似的浓眉，注意地望着我，想了一下。他说：

"啊，这是可怕的。您真的做了这个梦吗？您不是在凭空编造吧？这也带了点书本的气味。"

突然间他好像生气了，他一面拿手指敲着膝头，一面用一种严肃的、不高兴的声调说：

"您不喝酒吧，不是吗？你不像是一个多喝酒的人。然而在您这些梦里却有喝醉的味道。有一个叫做霍夫曼[①]的德国作家；他梦见打牌的桌子在街上跑着，还有好些这一类的事情，不过他是一个酒鬼，用我们那些有学问的马车夫的说法，是一个'混蛋'。空的靴子走路，这的确是可怕的。即使这是您编造出来的，也非常好。可怕啊！"

他突然愉快地微微笑了起来，他笑得那么高兴，连他的颧骨也发亮了。

"不过您想想看：突然间在特威尔斯卡雅街一张弯脚的打牌桌子跑了起来；桌子上面扬起一层粉笔灰，连绿

---

① 恩·霍夫曼（1776—1822）：德国消极浪漫主义作家。

色台毡上写下的输赢的数目也还看得见。几个收税员在这张桌子上打了整整三天三夜的'温特'①,一会儿也不休息,桌子实在受不了,便逃走了。"

他笑了,后来他一定是看出来我因为他不相信我的缘故有点难过,便对我说:

"因为我说您的梦带着书本的气味您有点不高兴吧?您不要为这件事动气。我知道有时候人不自觉地编造一些不可信的而且是极其恍惚的东西,他却相信他在梦里见过它们,这并不是他自己想象出来的。一个上了年纪的地主对我讲过一个梦,他在梦中穿过一个树林走进一片草原,他看见草原上有两座小山,它们却忽然变成两只女人的奶子,在这一对奶子的中间有一张黑脸正在朝上面升起来。在脸上应该长眼睛的地方悬着两个白翳似的月亮。这个老头子已经站在女人的两腿中间了,在他面前张开了一条很深的黑峡谷,把他吞了进去。在这个梦之后他的头发开始变成灰白色,他的手也颤抖起来了,他便出国去找克奈卜大夫试行水疗法。他一定见过了这一类的东西:他是一个放荡的人。"

他拍了拍我的肩头:

"至于您呢,你既不是一个酒鬼,也不是一个放荡的

---

① 温特:即惠斯特,当时流行于俄国的一种纸牌游戏。四人成局,两人一组,两组相对,玩五十二张牌。

人。那么您怎么会做这样的梦呢?"

"我不知道。"

"关于我们自己的事我们一点儿也不知道!"

他叹了一口气,眯起眼睛,想了想,压低声音加了一句:

"我们什么也不知道。"

这天晚上在散步的时候他拉住我的胳膊对我说:

"靴子往前走着,这是可怕的,不是吗?它们完全是空的——踢塔,踢塔,踢塔——雪发出轧轧的声音!是的,这是很好的!不过您仍然有着太多的书本气味,太多的!您不要生气,这是不好的,这对您有妨碍。"

我不相信我比他更有书本的气味,然而,不管他这种委婉的说话方式,我今天总觉得他是一个残酷无情的理性主义者。

三五

有时候他给了人一种印象,好像他是刚从一个遥远的国家来的,在那个国家里人们的思想和感情都跟我们的不同,他们中间的关系也跟我们中间的关系不一样,他们的举动跟我们的也不同,连他们的语言也跟我们的语言完全两样。他坐在一个角落里,疲倦,而且兴趣索然,仿佛身上蒙了一层另一个土地上的尘土。他用一个外国人或者一个哑子的眼睛注意地望着每一个人。

昨天在午饭前他正是像这样地走进客厅里来,好像离我们远远的,然后他坐在沙发上;他沉默了一会儿,忽然微微摇晃着身子,手掌擦着膝头,皱起脸孔说:

"这还没有完,不,没有完。"

一个像熨斗那样地平板而愚笨的人问他:

"您在讲什么事?"

他牢牢地望着他,把身子更往下弯,朝我们,尼基青大夫,叶尔巴季耶夫斯基和我坐在那儿的露台上看了一眼,问我们道:

"你们在谈什么?"

"谈普列威①。"

"普列威……普列威……"他沉吟地念了两遍,在这中间还停了一下,好像他是第一次听见这个名字似的;然后他像一只小鸟那样把身子抖了两下,微微地笑了笑说:

"今早晨起,我脑子里就动着一个傻的念头。有人告诉我,在一个公墓里见到了这样的墓铭:

在这块石头下面睡着伊凡·叶戈利耶夫,

职业是个硝皮匠,他从早到晚就浸兽皮。

---

① 维·康·普列威(1846—1904):俄国反动政客,一九〇二年起任内务大臣兼宪兵司令,残酷地镇压革命党人。一九〇四年被社会革命党党员暗杀。

> 他正直地工作,又有好心肠,可是你们看,
> 他去世了,把他的店子留下给他的妻。
> 他不算太老,还可以做许多事情,
> 然而上帝把他带去过天堂的生活,
> 就在耶稣受难周①的星期五到星期六的夜间。

还有些这一类的句子……"

他不作声了,随后抬起头来,又微微地笑了笑,对我说:

"在人类的愚蠢里面,只要它不含恶意的时候,它也有一些叫人很感动的东西;甚至还有可爱的东西。……这是常有的事。"

有人来唤我们去吃午饭了。

三六

列·尼说:

"我不喜欢喝醉酒的人,可是我认识一些人,他们喝了一点儿酒以后却变得很有趣了,他们有了机智,思想也漂亮了,还有遣辞的敏捷,语言的丰富等等,这些都是他们清醒的时候所没有的。在那种时候我倒愿意祝福酒了。"

---

① 耶稣受难周:复活节前的一星期。

苏列尔告诉我,有一天他同列夫·尼古拉耶维奇在特威尔斯卡雅街上走,托尔斯泰远远地看到了两个胸甲骑兵。他们的铜甲在日光里闪亮,他们的刺马距一路上响着,他们走起路来步调一致,好像两个人生在一块儿似的,他们的脸上现出一种从力量和青春产生的得意神情。

托尔斯泰骂起来了:

"多么无聊的摆架子!真正像用棍子教出来的畜生!"

可是等到这两个胸甲骑兵走到他跟前,他停住脚,用爱好的眼光送着他们,一面热心地说:

"他们真美!真正像古罗马人!不是吗,列伏希加?多有力,多漂亮!啊,我的上帝!一个人漂亮,是多好啊,是多好啊!"

三七

在一个炎热的白天,他在下行的公路上碰到我。他骑着一匹温和的鞑靼小马,朝着里瓦基亚①的方向驰去。灰白的头发,毛茸茸的脸孔,头上戴一顶菌子形的白毡

---

① 里瓦基亚:在克里米亚南部海岸。当时它还是沙皇尼古拉二世的行宫,现在是苏联劳动人民的疗养地。

子小帽,他活像一个地仙。

他勒住马跟我谈话。我挨着踏镫,跟他的马一块儿朝前走起来,我对他讲了一些事情,这中间我也提起我接到了符·加·柯罗连科①的一封信。托尔斯泰气冲冲地摇着他的胡子,问道:

"他信上帝吗?"

"我不知道。"

"最重要的事情您倒不知道。他是信上帝的,不过他不好意思在无神论者跟前承认罢了。"

他用一种抱怨的、任性的调子说了上面的话,愤怒地眯缝着眼睛。显然是我打扰了他,可是我正要离开他的时候,他却留住我,说:

"您到哪儿去?我骑得慢。"

接着他又咕噜起来:

"您的安得列也夫在无神论者面前也不好意思,可是他也信上帝,上帝使他害怕。"

我们走到亚·米·罗曼诺夫大公爵的领地前面了。有三个罗曼诺夫王族的人,挨得很近,站在路中间闲谈:一个是领地阿依-托多尔的主人亚历山大大公爵,一个是乔治大公爵,还有一个我相信是久里别尔的彼得·尼古拉耶维奇大公爵,三个人都是身材魁伟、仪表堂堂的

---

① 符·加·柯罗连科(1853—1920):俄罗斯作家。

男子。一辆一匹马拉的马车把路拦住了,还有一匹鞍马[①]横站在路上;列夫·尼古拉耶维奇不能够过去。他用严厉而高傲的眼光瞪着那三个罗曼诺夫。可是他们已经掉过身子,背朝着我们了。那匹鞍马动了动脚,稍稍移开了一点儿,让托尔斯泰的坐骑过去了。

他默默地骑了一会儿,对我说:

"他们是认识我的,这些笨蛋……"

过了一分钟他又说:

"马倒懂得应该给托尔斯泰让路。"

三八

列·尼说:

"您要先为着您自己关心您自己的事,那么您还会有很多工夫做别人的事情。"

三九

他说:

"所谓'知道'是什么意思?譬如说:我知道我是托尔斯泰,一个作家,我有妻子和一些孩子,一头白发,一张难看的脸,一部大胡子——这些都是写在护照上面的。可是关于灵魂的事,护照上就没有记录了。我只知

[①] 鞍马:指供人坐骑的马,不是拖车用的。

道一件关于灵魂的事,就是:它愿望跟上帝接近。可是上帝是什么呢?那是,我的灵魂不过是'他'的一部分。我知道的全在这儿了。凡是学会了思索的人是不容易有信仰的,然而人只有由信仰才能够活在上帝里面。忒他连①说过:'思想是一个罪恶。'"

四〇

不管他所宣传的教义是怎样地单调,这个举世罕见的人物却是非常广泛地多方面的。

今天在公园里他和加斯卜拉的回教教长谈话的时候,他的举止很像一个容易相信人的老实的农人,而且到了应该想着他断气的日子的时候了。他本来就矮小,现在好像又故意缩短了些,他站在那个强壮、结实的鞑靼人的身边,好像是一个古时的小老好人,他第一次想到存在的意义,并且害怕自己心灵中发生的一些问题。他吃惊地扬起他的一对浓眉,胆怯地霎着他锐利的小眼睛,眼睛里平日常有的那种叫人受不了的洞穿一切的火花现在被他收敛了。他那探查似的眼光不动地停留在教长的宽脸上,他的瞳孔也失去了它们那种使人惶惑不安的锋铓。他向教长提出了一些关于生命的意义、关于灵魂和关于上帝的"幼稚的"问题,他很巧妙地拿《福音书》

① 忒他连(160—230):拉丁的教会著作家。

和先知的诗句跟《可兰经》中的诗句暗中掉换。实际上他不过用那种只有伟大的艺术家和哲人所能有的卓绝的本领在演戏罢了。

几天以前他跟塔涅耶夫①和苏列尔谈到音乐,他像一个小孩似地陶醉在音乐的美里面了;我们看得出来他高兴自己能够欣赏音乐,或者更真切地说,他高兴自己能够这么深地欣赏音乐。他说,叔本华②写的论音乐的文章比任何人都更好,更深刻。他附带讲了一个关于费特的有趣的故事,他又把音乐叫做"灵魂的无声的祷告"。

"怎么——是无声的呢?"苏列尔问道。

"因为音乐是没有言语的。在声音里比在思想里有着更多的灵魂。思想是一个装满铜板的钱袋,而声音呢,它却没有让什么东西弄脏过,它内部是纯洁的。"

他带着看得出来的满意,说着可爱的、孩子的话,他突然记起了一些最好的、最讨人欢喜的句子,随后他意外地笑了笑,温和地小声说:

"所有的音乐家都是傻瓜;越是有才能的,越不聪明。可是奇怪他们差不多都是笃信宗教的。"

---

① 谢·伊·塔涅耶夫(1856—1915):俄罗斯作曲家和钢琴家。
② 叔本华(1788-1860):德国唯心主义哲学家。

四一

他打电话给契诃夫说:

"今天我过得多么好!我的灵魂非常快乐,所以我希望您也快乐!特别是您!您是个好人,很好的人!"

四二

倘使你跟他谈些不应当讲的话,他不会来听你,也不会相信你。事实上他并不询问,他在查究。他跟一个爱好古玩的人一样,他只搜集那些跟他的收藏可以配合的东西。

四三

他一面读信,一面说:

"人们惊扰着,写着,可是等到我死了一年以后,他们就会问道:'托尔斯泰?呀!是的,就是那个亲手做靴子的伯爵,我弄不清楚他出过什么事情,——是说那个人吗?'"

四四

我好几次在他的脸上、在他的眼光里看到了一种狡猾的满足的笑容,这笑容是一个人意外地寻到了他自己藏起来的东西以后所常有的。他记不起来他把那个东西放在什么地方了。过了好久他一直暗中在着急不安,不断地问自己:"我会把这个我现在多么需要的东西放在哪儿呢?"他老是害怕别人看出他着急不安,丢失了东西,会作弄他。可是突然间他想起来了,找着了那个东西。他充满了喜悦,他现在也不想隐藏他的这种喜悦了,他却带着狡猾的神情望着所有的人,仿佛在说:

"你们对我没有办法了!"

可是他并不说出来:他究竟找着了什么,并且是在什么地方找到的。

他引起人的惊愕,但这惊愕永不会使人厌倦。然而常常跟他见面,却是一件痛苦的事,我不能够跟他同住在一所宅子里面,更不用说同住在一间屋子里面了。这好像在一个沙漠里面一样,在那儿太阳把万物都烧光了,现在它自己也要烧尽了,这时候它却使人们感到威胁:一个无穷无尽的黑夜就要来了。

一封信

我刚刚给您①寄出了一封信,就得到了报告"托尔斯泰逃亡"的电报。现在,我觉得我的思想还是跟您的在一块儿,所以我再给您写这一封信。

---

① "您"指符·加·柯罗连科;这封信是写给柯罗连科的。

关于这个消息我想说的一切也许会是杂乱的,甚至于可能是残酷而带恶意的;不过您得宽恕我;我感觉着有人扼紧了我的咽喉,快要把我扼杀了。

我从前在加斯卜拉的时候,① 托尔斯泰常常跟我在一块儿谈话,而且谈得很久;我常常去看他,他也喜欢过来看我。我曾经仔细地并且热爱地读了他的著作;所以我觉得我有权来谈论他,老老实实地说我想说的话,即使我的意见显得冒昧,而且跟一般人的见解如何不同。我也跟任何人一样地知道,世界上再没有一个比他更有资格被称为天才的人,再没有一个比他更复杂、更矛盾、而且在各方面都更了不起的人,是的,是的,是在各方面的。了不起,我说不出来这个字眼带着什么样的特殊意义,这是无边的广大,不能够用语言文字来说明的。在他的内部有着什么东西,使我时时刻刻都想对所有的人、对每一个人大声地说:"你们看,在这个土地上面活着一个多么不可思议的人啊!"因为可以这样说,他完完全全是而且最先是一个人:人类中的人。

可是有一种东西使我永远没法跟他接近,就是他的那种想使列夫·尼古拉耶维奇·托尔斯泰伯爵的一生成为"我们的圣父贵族列夫圣者的言行录"的专制的、顽

---

① 亚历山德拉·托尔斯泰雅在《托尔斯泰的悲剧》中写着:"高尔基跟他的太太和儿子一块儿住在海边,离加斯卜拉大约有一哩路远,他常常来看我们。"

固的倾向。您知道他很久以前就在找寻"受苦"的机会了。他曾经对叶夫盖尼·索洛维约夫①和苏列尔表示过他的悔恨,因为他没有把这个办到;可是他找寻受苦的机会,并不是为了单纯地受苦,并不是由于一种想考验他的意志的抵抗力的自然的愿望,却只是出于那个显明的而且——让我再说一遍——专制的意向,就是想增加他的教训的重量,使他的说教成为不能辩驳的东西,并且拿他的受苦来使它在别人的眼里成为神圣不可侵犯,他好强迫他们来接受它,您明白我的意思吧,好强迫他们来接受它啊!因为他知道这个说教本身并不够说服人。将来有一天您会在他的《日记》里面读到他对待他的说教和他个人的怀疑主义的好例子。他知道"殉道者和受难者中很少有不是专制者和暴君的",——他什么全知道!可是他仍然说:"要是我为着我的思想受了苦的话,那么我的思想就会产生一种完全不同的印象!"这一点使我始终无法跟他接近,因为我不能不在这儿看到一种想对我施暴力的企图,一种想控制我的良心、用正直的血光来眩惑它、并且给我的颈项加上一个教条的轭的愿望。

他常常热烈地赞美另一个世界中的永生,可是他自己倒更喜欢永生在这个世界里面。他是一个实实在在的

---

① 叶·安·索洛维约夫(1866—1905):俄罗斯批评家和文学史家,笔名安德列耶维奇。

民族的作家（我是照这个称呼的最真实而又最完全的意义来说的），他使他的民族的一切缺点以及我们历史的酷刑所加在我们身上的一切的损害都具体活在他那个巨大的灵魂里面了。……他的一切都是民族的，他的全部的说教便是一个过去的反动，也就是一种我们正在摆脱而且就要克服的所谓"祖型再现①"。

您该记得他在一九〇五年写的那封信《知识分子、国家和人民》吧，这是多么荒谬奇怪而且幸灾乐祸的东西！我们在那里面听到了"分离派教徒②"的"呀！你们原先不肯听我的话！"的声音。我当时曾经写了一篇答复，并且根据他自己说过的话来回答他，因为他有一天对我说过他"老早就失掉了谈论俄国人民并且代他们说话的权利了"；我并且亲眼看见好些老百姓跑来向他吐露胸怀，他却没有兴致去听他们讲话，也不热心去了解他们。可是我那封信的措辞太激烈，所以我没有把它寄给他。

现在他一定是在尝试他那个最后的一跳吧，只为着想给他的思想添上最高的价值。他跟瓦西里·布斯拉耶夫③一样，他本来是爱飞跳的，不过始终是为着确定他

---

① "祖型再现"：即"隔代遗传"。
② "分离派教徒"：十七世纪俄罗斯一部分东正教徒反对当时莫斯科大主教尼康（1605—1681）施行的教会改革，受到了迫害，从正教分离出来。他们保持旧的信仰、旧的仪式和旧的习惯，因此被称为"分离派"，又称"旧信仰者"。
③ 瓦西里·布斯拉耶夫：即诺夫戈罗德的调皮的英雄瓦希卡·布斯拉耶夫。

自己的神圣性，为着给他自己找寻一种顶上圆光的缘故。事实上即使他的学说可以由于俄罗斯的古代历史和这位天才的个人的受苦而被认为正当，它总是宗教裁判所的东西。在他看来，人要达到神圣性，只有走欣赏自己的罪恶的路，走压制求生的意志的路……

在列夫·尼古拉耶维奇的身上有许多方面，它们有时候给我唤起了一种近乎憎恨的感情，这种感情十分沉重地压在我的灵魂上面。他那个发展过甚的个性是一个庞大的、差不多是可怕的现象；他的身上有一种"包加狄尔"斯维雅托戈尔的东西，斯维雅托戈尔①，这个大地载不起的巨人。是的，他是伟大的！我深深相信除了他所说过的一切以外，还有许多许多事情他并不曾谈到，甚至他的日记里也没有写过；他也许永远不会向任何人吐露它们了。这所谓"有些东西"只有偶尔在他的谈话中间露出来一点点，而且是隐隐约约地说出来的；在他拿给我和列·阿·苏列尔席次基读过的两本日记里面，他也曾隐隐约约地说到"有些东西"。这在我看来是一种类似"一切肯定之否定"的东西，这是最深刻最坏的虚无主义，它是在一种不可救药的、无限的绝望中，而且还是在一种恐怕从来没有一个人像这样清楚地感受到的孤

---

① 斯维雅托戈尔：俄罗斯民间英雄史诗中的一个人物。他被描写成一个想把大地举起的大力武士。他曾经夸口要把天和地两个"圈"拉拢捏成一个东西。

独中生长起来的。我常常觉得在他的灵魂的深处他是一个对别人的一切都非常顽固地不关心的人；他是这么地高出他们之上，这么地比他们强，比他们有力量，他竟然把他们全看作同样的蚊蚋一类的小虫，而他们的扰攘活动在他的眼里也成为可笑而可怜的了。他离开他们远远地一个人隐居在荒原上，用了他全部精神力量，孤独地，一心一意去探究那个"最主要的东西"：死。

在他的一生中他没有一个时候不害怕死，不憎恨死；在他的一生中他没有一个时候不感觉到"阿尔扎玛斯^①的恐怖"萦绕着他的灵魂：他，托尔斯泰，他也应当死

---

① 阿尔扎玛斯：俄罗斯的一个城市。所谓"阿尔扎玛斯的恐怖"，是这么一回事情：一八六九年八月的末尾托尔斯泰到片扎省去看一块地。他中途在阿尔扎玛斯城里过夜，寄宿在一所小宅子里面。他躺在一张沙发上睡着了。不多久他忽然醒过来，屋子里漆黑。他想再睡，却始终睡不着。他问他自己："我为什么到了这儿来？我到什么地方去？我在逃避什么东西？并且逃到哪儿去？我在躲避一种可怕的东西，可是我又跑不动。我的脑子始终是清醒的，我在折磨自己。我是他，我始终在那儿。片扎省也好，任何别的地方的产业也好，都不会给我增加一点东西，也不会给我拿走一点东西。我厌恶我自己，我受不了，我折磨我自己。我想睡，想忘记，——我却不能够。我不能够躲开我自己。"他走到廊子里去，希望能逃掉那个折磨他的东西。然而它追上来，把一切都给他掩蔽了。他问他自己："这愚蠢算什么呢？我担心着什么？我害怕什么？"死的声音回答道："我，我在这儿！"托尔斯泰恐怖地跟这个幻影挣扎。可是死赶走了他的睡眠。使他的心灵中充满了寂灭的思想以及一切他所爱的人和物完全消失的思想。他祷告，闭上眼睛，可是幻影仍然在折磨他。后来他只好唤醒他的仆人离开了那个宅子。过了好久，托尔斯泰才忘记了他在阿尔扎玛斯的这个痛苦的经历。然而在他的思想的深处，仍然躲藏着那个他曾经见过的可怖的死的幽灵，几年以后它又出现了，要他对它那个永远存在的问题给一个答复。

吗?整个宇宙,整个大地都在望着他。从中国,从印度,从美国,从世界上任何一个地方都有着活的、一直在颤动的线向他伸过来;他的灵魂是为所有的人而存在的,并且是永远存在的!为什么大自然就不在它的法则中作出一个例外,使所有的人里面有一个人得着肉体的永生?为什么呢?固然他是极富于理性而且极聪明,不会相信奇迹,可是在另一方面他却是一个调皮的人,一个实验者,又好像一个年轻的新兵,他站在陌生的兵营门前因为恐惧和绝望正惊吵得厉害。我还记得在加斯卜拉,他病好了以后,读了列夫·谢斯托夫①的小书《尼采与托尔斯泰伯爵的学说中的善与恶》,听见安·巴·契诃夫对他说"不喜欢这本书"的时候,他便回答道:

"我呢,我倒觉得它有趣味。这本书写得勉强,然而毕竟写得有意思。我倒喜欢那班冷评家②,只要他们是老实的话。他这样说道:'真理是没有用的。'这倒是真话。他拿真理来做什么用呢?无论如何,他还是要死的。"

他显然看出来别人不了解他的话,便高兴地笑笑,加上几句:

"要是一个人学会了思想,不管他的思想的对象是什

---

① 列夫·谢斯托夫(1866—1938):俄罗斯虚无主义和厌世哲学的思想家和著作家。

② 冷评家:指喜欢嘲骂世人者。

么，他总是想着他自己的死。所有的哲学家都是这样的。既然死一定要来，那么真理又有什么用呢？"

然后他又对我说，对于所有的人真理只有一个，就是对上帝的爱，可是他谈到这个问题的时候，始终带着冷淡和厌倦的神情。吃过早饭以后，他在阳台上又拿起那本书，翻到作者写的这样的一段话："托尔斯泰，陀思妥耶夫斯基，尼采①要是不回答他们自己提出的问题，就不能够活下去，对于他们，任何一个回答都比没有回答好些。"他笑了起来，并且说：

"多么大胆的理发师啊！他居然断定说我欺骗了自己，因此我也欺骗了别人。这是很明白的……"

苏列尔问道：

"可是为什么说理发师呢？"

"是这样的，"他沉吟地答道，"我偶然想到的。他时髦，他漂亮，他让我想起一个莫斯科的理发师，他到乡村来参加一个农家叔父的婚礼。他在那儿算是态度最文雅的，他会跳'郎西叶'②，因此他把任何人都不放在眼里。"

我差不多是一字不动地把这段谈话重写在这儿。我把它记得很牢，我当时还把它跟许多别的使我感动的事情一块儿记录了下来。苏列尔席次基同我两人记了

---

① 弗·尼采（F. W. Nietzsche，1844—1900）：德国哲学家，唯意志论者。
② "郎西叶"：从法文 lancier 来的，一种上等的舞曲。

很多的笔记，可是苏列尔在他到阿尔扎玛斯来看我的途中把他的笔记失落了；他是一个很大意的人，虽然他对列夫·尼古拉耶维奇有一种带女性的爱，但是他对待列·尼的态度也有点古怪，里面含得有一种屈尊的意味。我也很大意，我把我的笔记放起来却记不起放在什么地方了，我再也找不着它们；它们一定是在俄国境内某一个人的手里。① 我对托尔斯泰一直是十分注意地观察着的，因为我过去找寻过，我现在还在找寻，而且我要一直找寻到我断气为止，我在找寻一个有着活的真实的信仰的人。并且也因为有一天安·巴·契诃夫谈起我们文化的不发达，曾经对我发过牢骚：

"歌德说过的话每一句都给人记录下来了，可是托尔斯泰的思想却在空中消失了。好朋友，这就是那种叫人忍受不了的俄国人的态度。再过些时候，他们就会明白的，他们会动手写些回忆，说些谎话。"

可是现在我们再回到谢斯托夫身上来。托尔斯泰又说：

"他认为：'人不能够一面注视可怕的幽灵而一面活着。'可是他从什么地方知道人能够或者不能够呢？因为要是他知道了的话，要是他看见了幽灵的话，他就不会写出这些无意识的话，他要去做些正经事情，像释迦牟

---

① 高尔基写这封信的时候，他住在意大利的卡普里。

尼一生做的事情那样。"

有人说谢斯托夫是犹太人。

"这不大可能,"列·尼怀疑地说。"他一点儿不像是犹太人:从没有见过一个没有信仰的犹太人,你们举出一个来看看。……不,没有的……"

有时候人觉得这个老巫师在戏弄着死,他在跟死调情,他试着用这样的话来欺骗她:"我不怕你;我爱你;我在等着你。"他又一直用他那对锐利的小眼睛偷偷地看她:"你究竟是个什么样子?你后面究竟有些什么?你要把我完全毁灭吗?或者我还有一些东西可以继续生存?"

我们听见他说"我幸福,我非常幸福,我实在太幸福"的时候,总不免会生出一种奇怪的印象。他接着马上就说:"要受苦。"受苦,这也是他的真理;他的病虽然还没有完全好,可是他却真诚地高兴去坐监牢,被流放,或者一句话说完,戴上一顶殉道者的荆棘的冠,像这样的事我就没有一秒钟怀疑过。也许在他看来殉道的行为多少总可以把死加以合理化,使它更容易理解,而且更容易接受,自然这是指外表的,形式的方面说的。可是我却十分相信他从来没有感到幸福,不管在什么时候,不管在什么地方:不论在"智慧的书中",在"马背上",在"女人的怀里",他都没有完满地感到"地上乐园"的幸福。他太有理性了,所以不能感到那种幸福,而且他对人生，对人们也知道得太多了。他还说过这样的话：

"哈里发①阿勃杜拉曼一生有过十四天快乐的日子。而我呢，我确实没有那么多的快乐的时间。这是因为我从来没有，而且我不能够为着自己，为着我的灵魂生活，我只是为着表演，为着别人在生活。"

我们离开他以后，安东·契诃夫对我说："我不相信他就没有快乐过。"至于我呢，我却相信。他从来不曾有过快乐。不过要说他以前是为着"表演"而生活，也不是真的。不错，他把他多余的东西给了别人，就像施舍给乞丐那样；他喜欢强制人——一般地说，是"强制"——强制人念书，强制人散步，强制人只吃素菜，强制人爱农人，强制人相信列夫·托尔斯泰的合理的宗教观念的正确性。塞给人一点他们满意的或者感到兴趣的东西，然后叫他们走开！大家不要来扰乱我这种习惯的、痛苦的、但有时也是适意的寂寞生活，让我对着那个"主要问题"的无底深渊沉思！

所有俄国的传道者，除去阿瓦昆②（或者再加上一个

---

① 哈里发：原是中世纪某些伊斯兰教国家君主的称号。但是这里提到的阿勃杜拉曼可能指阿富汗的国王（1844—1901），他在一九〇〇年用波斯文写了《自传》，有俄文译本。

② 阿瓦昆（约1621—1682）：俄罗斯教长，旧正教的拥护者，他反对尼康的宗教改革。一六八二年被沙皇下令烧死在木桩上，留下了一本自传《言行录》。

季洪·扎顿斯基①)之外,都是冷淡的人,因为他们没有一个积极的、活的信仰。我在《在底层》里面描写我的鲁卡的时候,我倒很想写出一个这一类的老年人来:他对"各种各类的回答",都感兴趣,可是他却不关心人。遇到他不能不跟人们会面接触的时候,他才安慰他们,不过也只是为了使他们不再来打扰他的生活。这一类人的一切的哲学,一切的传道都是一种施舍,而且是暗地里怀着厌恶地拿出来的,在这种传道的背后,人们还隐约地听得见可怜的诉苦的话:

"不要来缠我!爱上帝,爱你们的邻人,可是不要来缠我!诅咒上帝,爱外人也好,可是不要来缠我!不要来缠我,因为我是一个人,而且我是会死的人!"

唉!就是这样的,很久以来就是这样的!过去不能不这样,现在也不能不这样,因为人们已经是精疲力竭,过度地分散,他们被囚禁在一种吸尽灵魂的孤独里面。倘使列·尼同教会和解了,我也不会感到一点惊奇。这里也会有一种它自己的逻辑:所有的人都是渺小的,连主教们也是一样。其实这不会是和解;对他个人来说,这个举动不过是一个合乎论理的步骤:"我宽恕那些恨我的人。"这是一种基督徒的行为,在它背后隐藏着一种讽

---

① 扎顿斯基:即扎顿斯克的季洪(1724—1783),俄罗斯基督教圣人,有《著作集》出版。

刺的微笑；它可以被当作一个聪明人对傻瓜们的复仇。

然而我还没有照我所想的那样写下来，也没有写到我想写的那些事情。有一只狗在我的灵魂里号叫，我有着不吉的预感。报纸来了，很显然地在你们那儿人开始在"创造传说"了：从前有过一些懒人和不中用的人，现在在他们中间却生出了一位圣人来。

您只要想一想，对于那个国家，正是在这个时候，正是在一般绝望的人垂头丧气、大多数人的灵魂非常空虚、那些最优秀的人的心灵里充满着悲痛的时候，对于那个国家，这是多么有害！饥饿的、受折磨的心灵渴望着传说。人们非常希望他们的苦难可以减轻，他们的痛苦会得到抚慰！他们正好创造了他（托尔斯泰）曾经想望过的而且正是他应该避免的东西：一种圣者和圣人的生活；其实他的伟大和神圣的地方却在于他是一个人，一个美得愚蠢、美得痛苦的人，人类中的人。现在我似乎有点自相矛盾了，可是这没有多大关系。这一个人找寻上帝，并不是为他自己，却是为着别人，因为这样一来上帝便会让他这个人在他自己选择的荒原里面和平地生活下去。他给了我们福音，并且为了使我们忘记基督身上的矛盾的缘故，他把基督的肖像简单化了，把基督身上积极的因素减弱了，同时却着重地提出来：基督对于"那个差遣他来的上帝的意志"的服从。托尔斯泰所宣传的福音更容易被人接受，这是用不着怀疑的，因为这个福音对俄罗斯人民的"病"更适合。俄罗斯人民在那里抱怨，他们的呻吟声震动了大地，而且使人们离开了"主要问题"，对这样一种人民，应该给他们一点东西。然而《战争与和平》以及所有这一类的作品都不能够减轻灰色的俄罗斯土地的痛苦和绝望。

关于《战争与和平》，他自己说过："用不着假谦虚，这是跟《伊利亚特》①一样的东西。"莫·伊·柴科夫斯基②也曾听见他说过关于《幼年·少年·青年》的类似的赞语。

一些新闻记者刚刚从拿波里赶来了；有一个还是从罗马来的。他们要求我告诉他们我对于托尔斯泰的"逃亡"的意见（"逃亡"这个字眼还是他们用的）。我拒绝跟他们谈话。您一定明白我的心灵现在是多么地骚乱不安——我不愿意把托尔斯泰看作圣人；我倒愿意把他看作一个罪人，跟这个有罪的世界的人心接近的，而且跟我们每个人的心永远接近的一个罪人。普希金③和他，——对我们来说再没有比他们两个人更伟大、更亲爱的了。

---

① 《伊利亚特》：希腊的叙事诗，相传为荷马所作。
② 莫·伊·柴科夫斯基（1850—1916）：俄罗斯作曲家彼得·柴科夫斯基的兄弟，是批评家和剧作家。托尔斯泰也曾对戈登塞尔赞美他自己的《幼年》。（见一九〇二年七月二十八日戈登淮塞尔的日记。）
③ 亚历山大·普希金（1799—1837）：俄罗斯诗人。

列夫·托尔斯泰死了。

来了一个电报,只有些最平常的字句:去世……

我的心受到了打击;我又恼怒又痛苦地哭起来,现在我是在一种半疯狂的状态里面,我回想着我所认识的、我所看见的他的种种情形;一种想对人谈论他的愿望把我折磨得非常苦。我又想象他睡在棺材里面的样子。他睡在那儿,像一块光滑的石头躺在小溪的溪床上,而在他的白胡子下面一定隐藏着他的使一切人都感到陌生的、欺骗的微笑。他的一双手现在终于和平地休息了:它们已经完成了它们的那种艰苦的工作。

我又记起了他的那双锐利的眼睛;它们把什么都看得见,而且是一直看到底的,还有他的手指的动作,它们好像一直是在空中捏塑什么东西似的;还有他的谈话,他的诙谐,他喜欢用的农人的字眼和他那不可捉摸的声音。我看见在这个人的身上含蓄着多么丰富的生命,他是多么不近人情地聪明,又是多么不近人情地叫人害怕啊。

有一天我看见了他,他那个样子恐怕从来没有人看见过。我沿着海滨到加斯卜拉去看他,可是就在尤苏波夫庄园的下面,在海边岩石的中间,我看见了他那瘦小的有棱角的侧面像,他穿了一件起皱的灰色粗布旧衣,戴了一顶有褶痕的帽子。他坐在那儿,两手支着下颚,在他的手指中间动着他那银白的长须;他凝望着海的远处，而同时浅绿色的小浪却柔顺地、亲热地向他的脚滚来，好像它们在对这个老巫师讲它们自己的事情。

这是一个还没有晴定的日子。云的影子在岩石上面移动，岩石上同这个老人身上的颜色交替地时明时暗。岩石都是很大的，都有裂痕，而且上面都长满了气味很浓的海草：前一天刚起过很高的潮。我觉得他好像也是一块古老的、成了精的岩石，它知道一切的开端和一切的目标，它在思索石头和地上的草木、海水和人，还有从岩石起到太阳为止的整个宇宙什么时候完结而且怎样完结。海是他的灵魂的一部分，他周围的一切都是从他那儿来的，从他的身体里出来的。在这个老人的沉思不动的姿势中，我相信我看见一种预言的、魔术的东西，它同时下沉到黑暗里去，又探求地上升到地上蓝空的最高顶；好像就是他——他的集中的意志——在把海浪引来推去，在指挥云的移动，在支配那些影子，影子好像在摇动岩石想把它们唤醒。突然在我的狂热的一瞬间，我觉得这是可能的！他就要站起来，挥动他的胳膊，海就会马上冻结，变成玻璃一样的东西，岩石也就开始活动并且发出大声叫喊，于是他周围的一切全活起来了，它们全发出声音，用各种不同的声音说话，讲它们自己的事，讲他的事，而且，还讲反对他的话。我在这个时候所感觉到的一切是不能够用文字表达出来的。我的心灵同时感到狂喜和恐怖，随后一切全混合在这个幸福的思想里面：

"只要这个人活着的时候，我在地上便不是一个孤儿。"

于是我动身走开了，我小心不使海滩上的小石子在我脚下发出声音，免得打扰他的沉思。

可是现在我觉得我是孤儿了，我一边写，一边哭。我一生从来没有哭得像这样伤心，这样绝望，这样痛苦的。我不知道我是不是爱他，其实我对他是爱是恨，那又有什么关系呢？他常常在我的心灵中激起强烈的、幻想的情感和感动；就是他所引起的不快的和敌对的印象也并不压迫别人的心灵，它们反倒使心灵暴露，因而扩大了它，增加了它的感受性，使它更为开阔了。每逢他突然从一道门后面或者从一个角落里走出来，鞋底在地上擦行，好像他要威严地把粗糙的地面磨平似的，迈着一个走惯了长路的人的又轻又快的步子朝着你走来，并且把两只手的大拇指插在腰带里面，站定了一会儿，用他的敏速的、探索的眼光看了一下四周，这眼光马上就把一切新的事物全看出来；并且立刻就明白了它们的意义，在这种时候他的确是崇高而美丽的。

"日安！"

我老是把这个字眼的意思解释作："日安，我很满意，对您可没有什么意思，然而还是日安！"

他走进来，他身材矮小，可是所有的人马上就变得比他更小了。他的农人的胡须,他一双粗糙的而又是不寻常的手,他那一身简单的衣服以及这一切安适的平民的外表把许多人都欺骗了;我常常看见我们那些只认衣服不认人(这是一种古老的农奴的习惯)的好俄国人在他面前流露出这种气味很浓的"爽直"来,说得更恰当点,这是过分亲热。

"呀!亲爱的人!你好呀!我终于有幸拜见我们本国的最伟大的人物了。祝你长寿,祝你健康!"

这是莫斯科的俄罗斯人的说法,单纯而恳切,下面则是"自由主义的"俄罗斯人的说法:

"列夫·尼古拉耶维奇!我虽然不赞同您的宗教的和哲学的见解,可是我非常尊敬您是一个伟大的艺术家。……"

突然间在他的农民的胡须下面,在他的平民的起皱的粗布衣服下面,现出了那个俄罗斯的老绅士,那个豪富的贵族。于是不论是爽直的人也好,不论是受过教育的人也好,或者别的什么人也好,他们都觉得一种受不了的寒冷把他们的鼻头冻青了。人们倒很高兴看见这样一个纯血的人,高兴观察他那高贵而优雅的举止,注意他那高傲谨慎的言谈,欣赏他那遣辞用字恰到好处的锋利的语言。在他身上所表现的大绅士的神气恰恰是适合于奴仆们的需要的。那班奴仆要在托尔斯泰身上唤起他的大绅士的神气,托尔斯泰毫不费力地把这神气表现出来了,他把他们压得紧紧的,使得他们只好吱吱喳喳地吵闹着而缩成了一团。

有一天我碰巧跟一个这一类的"爽直的"俄国人,一个莫斯科人,同路从雅斯纳雅·波良纳回到莫斯科去。他好久都透不过气来,他只是可怜地微笑着,一面张惶地反复说着:

"这真是一回淋浴!他太严厉了!……啊,啦啦!"

他说了好些惊叹字眼,然后又带着惋惜的神情大声说:

"我早就以为他真正是一个无政府主义者!所有的人都在那儿接连地说:无政府主义者,无政府主义者……所以我也就相信了……"

这是一个有钱的人,一个大工业家,有一个大肚皮和一张颜色像生肉一样的肥脸;他为什么希望托尔斯泰做一个无政府主义者呢?这也是俄国人心灵的一个"奥妙"。

要是列·尼想使人高兴的话,他会比一个聪明、美丽的女人做得更容易。各种各样的人到他家里来作客:尼古拉·米哈依洛维奇大公爵,油漆匠伊里亚,一个从雅尔达来的社会民主党人,一个斯登教徒巴楚克,一个音乐家,一个德国人(克来因米黑尔伯爵夫人的产业管理人),诗人布尔加科夫,他们全用了热爱的眼光望着他。他正在对他们讲解老子的学说,在我看来他好像是一个不寻常的"单人乐队",能够同时奏几种乐器:铜管喇叭、鼓、手风琴、长笛……我也跟所有的人一样,用热爱的眼光望过他的。现在我还想再见他一面,可是我永远见不到他了。

来了好些记者,他们肯定说在罗马有人接到了"否认列夫·托尔斯泰逝世的谣传"的电报。他们奔忙了一阵,不停嘴地谈论,毫不吝惜地表示着对俄国的同情。可是俄国的报纸却不留一点怀疑的余地。

要对他说谎是不可能的,即使为了怜悯,也不可能;他纵然病到临危,他也不让人怜惜。要可怜像他这样的一种人,那就是卑劣的冒渎了。对于这种人,我们应该关心,爱护,却不应当把那些没有灵魂的陈旧的语言文字的渣滓倒在他们的身上。

他常常向人发问:

"您不喜欢我吗?"

人只好回答:

"我不喜欢您。"

"您不爱我吗?"

"我今天不爱您!"

他向人发问的时候很锋利,可是他回答别人问题的时候却又很谨慎,始终不失为一位贤人。

他讲起过去的事情,非常出色,尤其是讲到屠格涅夫①,特别动人。他讲到费特就要带一种愉快的微笑,而且总要讲些可笑的事情;他讲起涅克拉索夫时,态度冷淡,而且带了点怀疑的样子;他不论讲到哪一个作家,总是把他当作他的孩子似地讲着,他好像是他们大家的父亲,他们每个人的缺点他全知道,并且——你们瞧!——他总是先指出他们的坏处,然后才提到他们的好处。他每次讲到什么人的坏处的时候,我总有一个印象:他好像因为听话的人太穷了,正在施舍一点东西给他们;听他的论断,也是一件叫人感到不舒服的事情;人看到他那锋利的微笑,就不由自主地埋下了眼睛,对他所讲的一切,一点儿也记不牢。

有一天他激烈地批评乌斯宾斯基②用图拉的方言写文章,连一点儿才能也没有。可是我后来又听见他当着我的面对安·巴·契诃夫说:

"是啊,这是一个著作家!他凭着他的诚实的力量叫人想起陀思妥耶夫斯基来,只是陀思妥耶夫斯基爱耍手段,卖弄风情;而乌斯宾斯基却是更朴素,更诚实。倘使他相信上帝,他会成为一个分离派教徒。"

---

① 伊·谢·屠格涅夫(1818—1883):俄罗斯小说家。
② 格·伊·乌斯宾斯基(1843—1902):俄罗斯小说家,民主主义者。

"可是您从前明明说过他是一个图拉的作家,而且是没有才能的。"

他把一对浓眉皱起来盖住他的眼睛,一面回答道:

"他写得坏。他用的是怎样的一种语言啊!标点符号比文字还要多。可是,才能呢,这就是爱。在爱的人就有才能。您看那些恋爱的人,他们全是有才能的!"

他讲到陀思妥耶夫斯基,总要露出不乐意的神情,而且还要带点勉强,好像他不得不绕过什么东西,或者克服什么东西似的。他说:

"他应当研究孔子的学说或者佛教徒的教义,它们可以使他安静,缓和些。这是所有的人都应该知道的主要问题。他是一个厉害的好色的人,要是他发起脾气来,他的秃头上立刻就会胀起许多瘤一类的东西,而且他的耳朵也会摇动不停。他感受性强,可是他的思想却不高明;他还是从傅立叶主义者[①]那儿,从布塔舍维奇[②]一帮的人,学会了怎样思想的。可是他后来却把他们恨了一

[①] 指信奉傅立叶的社会主义的人。沙利·傅立叶(1772—1837)是法国的社会改革家,十九世纪三大空想社会主义者之一。

[②] 布塔舍维奇-彼得拉舍夫斯基和一群年轻的进步知识分子组织了一个研究社会主义的小组,叫做彼得拉舍夫斯基小组,布塔舍维奇-彼得拉舍夫斯基是这个小组的中心人物。一八四九年小组被破获,部分成员被判死刑,后减刑,流放西伯利亚服苦役。陀思妥耶夫斯也是一个组员,在一八四九年四月被捕,判死刑,在执行死刑的时候遇赦,流放西伯利亚。

辈子。他有犹太人的血。他多疑,自尊心强,脾气不好,又很不幸。很奇怪,他的书的读者居然会有那么多①,我不懂这是什么缘故!因为他的书读起来吃力而且无用,所有他的那些白痴们②,少年们③,拉斯柯尔尼科夫④们等等……都跟实际的那一类的人不同;实际上他们都是更要单纯些,更容易让人理解些。相反的,人们现在不念列斯科夫的东西倒是不对的,这是一个真正的作家。您念过他的东西吗?"

"是的,我很喜欢他,特别是他的语言。"

"他对语言非常熟习,他完全知道使用语言的技巧。奇怪的是您会喜欢他,您有点不像俄罗斯人,您的思想也不是俄罗斯的。我这样讲您,您不会生气吧?我是一个老头子,也许我对现代的文学不再能够理解了,可是我总觉得它不是俄国的东西。人们开始在写古怪的诗句;我不知道为什么它们也算是诗,而且它们是写给什么人念的。要学做诗应当向普希金,向丘特切夫⑤,向宪欣⑥

---

① 陀思妥耶夫斯基的最后一部小说《卡拉玛左夫弟兄们》却是托尔斯泰在逝世前常常翻阅的书。
② 陀思妥耶夫斯基写过一本长篇小说《白痴》。
③ 陀思妥耶夫斯基的另一长篇小说叫做《少年》。
④ 拉斯柯尔尼科夫:陀思妥耶夫斯基的长篇小说《罪与罚》的男主人公。
⑤ 费·伊·丘特切夫(1803—1873):俄罗斯诗人。
⑥ 宪欣:即费特,他在一八七六年正式改姓为宪欣。

学。您，"他转身对契诃夫说，"您倒完全是俄国的。是的，极浓，极浓的俄国味！"

他慈爱地微笑着，按住安·巴的肩头，契诃夫有点不好意思，小声讲了几句话，讲他的别墅，又讲鞑靼人。

他一直喜欢契诃夫，每次他望着安·巴的时候，眼光总是变得很柔和，他的眼光似乎在爱抚他的脸。有一天安·巴跟亚历山德拉·里沃夫娜①一块儿在花园里小道上散步，当时托尔斯泰的病还没有好，他坐在露台上一把靠手椅上面，他的整个身子好像都在朝着他们伸过去似的，他喃喃地说：

"啊，多么可爱的人，多么完美的人：谦虚，温柔得像一位小姐似的。他走起路来也像一位小姐。他真是个了不起的人！"

有一晚，在黄昏中，他半闭着眼睛，动着眉毛，把《谢尔吉依神父》的一段变文念给我们听。他念的就是一个女人到隐士那儿去引诱他的那一段；他念完了以后，便抬起头闭上眼睛清清楚楚地说：

"这个老头儿写得好，好得很！"

他带着极可惊叹的纯朴说出这句话来，他对于美的赞赏是极其诚恳的，这使我一生永远忘不了我在那个时候所感到的欢喜，这种欢喜，我不能够而且也不知道怎

---

① 亚历山德拉·里沃夫娜：托尔斯泰的最小的女儿。

样来说明它；然而我要抑制它，也得花费大的气力。连我的心也停止跳动了，可是接着我就觉得我四周的一切都变成崭新，而且全带着一种活的新鲜的气息了。

要了解他的语言的那种独特的、不可言说的美，必须亲自听他讲话，他的语言在外表上是不正确的，又充满着同样字句的再三重复，并且带着浓厚的乡村纯朴味。他的话的力量并不单是从他的音调的抑扬顿挫，和他的面部肌肉的颤动那儿来的，同时也是从他的眼睛的活动和光彩上面来的，那是一对我一生所见到的最善于说服人的眼睛。列·尼在那一对眼睛里面有着一千对眼睛。

有一天苏列尔、契诃夫、谢尔盖·里沃维奇①和另外一个人坐在花园里面谈论女人；他默默地听他们讲了许久，后来他突然说话了：

"我呢，等到我的一只脚踏进坟墓的时候，我就会说出关于女人的真话来。我说了，马上就跳进棺材里去，砰的一声把棺盖碰上。来捉我吧！"

他的眼光显得多么调皮，多么可怕，我们都沉默了好一会儿。

我觉得在他的身上同时存在着瓦希卡·布斯拉耶夫的那种喜欢侦察的大胆的调皮捣蛋，和阿瓦昆长老的顽

---

① 谢尔盖·里沃维奇（1863—1947）：托尔斯泰的长子。写有一部回忆他父亲的《往事随笔》，一九五八年人民文学出版社出版了这个译本。

固的心灵的一部分，此外（在这两样东西的上面或者旁边），再加上恰达耶夫①的怀疑主义。我相信，是阿瓦昆的成分在说教，在折磨他的艺术家的灵魂，是那个诺弗戈罗德的调皮英雄把莎士比亚和但丁②都打倒了，是恰达耶夫的成分在嘲弄他的灵魂的这些娱乐，而且也嘲弄他的灵魂的痛苦。

他的身上还有古老俄罗斯人的成分，科学和国家就受到了这个古老俄罗斯人的打击，他因为想改善人类生活使它更合乎人道的多次努力都失败了，便走上了消极的无政府主义的道路。

这是很奇怪的事！《辛卜里西斯姆斯》的漫画家奥拉夫·古尔布朗生③凭了他的不可思议的直觉居然理解了托尔斯泰身上的布斯拉耶夫的性格。您仔细地看一下他的画：它跟真的列夫·托尔斯泰多么相像，在这一张有着一对隐蔽深藏的眼睛的脸上我们可以看到那种大胆的智慧，它（那智慧）不承认世界上有什么神圣不可侵犯的东西，它更不相信"喷嚏，梦，鸟啼声"一类的东西！

这个老魔术家现在就在我的眼前，他对谁都是陌生

---

① 彼·雅·恰达耶夫（1794—1856）：俄罗斯唯心主义的著作家。
② 威·莎士比亚（1564—1616）：英国剧作家；但丁（1265—1321）：意大利诗人。托尔斯泰在晚年否定了莎士比亚和但丁的作品。
③ 奥·古尔布朗生：一八七三年生，卒年不详；挪威画家，一九〇二年起担任慕尼黑 Simplicissimus 画刊的编辑。

的，他孤独地走遍了思想的沙漠去寻求包罗万象的真理，却始终没有为他自己找到它。我望着他，我虽然因为失掉他而感到多么大的悲痛，可是我因为见过这个人而感到的骄傲却减轻了我的痛苦和悲伤。

列·尼在一群"托尔斯泰主义者"的中间，这是一个奇怪的景象；一座庄严的钟楼耸立在那儿，它的钟永不疲倦地在全世界的上空响着，一群胆小的小狗在钟楼的四周跑来跑去，大家都跟着钟声在瞎叫，一面又互相猜忌地你望着我我望着你，好像在说：看谁叫得最好？我常常觉得雅斯纳雅·波良纳的房屋和潘宁伯爵夫人①的别墅都给这一群人拿伪善、卑怯、做生意和等遗产的精神玷污了。

这一群"托尔斯泰主义者"有些地方倒有点像那班专在俄国一些僻远角落游历的"香客"，他们把狗骨头当作圣人遗骨拿给人看，同时还贩卖"埃及的黑暗"和圣母的"小泪珠"。我还记得这一群使徒中间有一个人在雅斯纳雅·波良纳不肯吃鸡蛋，说是怕使母鸡难过，可是在图拉车站上他却津津有味地大吃肉，一面还说：

"他说得过火了，这个小老头儿！"

他们差不多全喜欢叹气，喜欢拥抱；他们全有一双没骨头的容易出汗的手和一对会说谎的眼睛。同时他们全是

---

① 潘宁伯爵夫人：彼得堡的一个有钱的贵妇。她把她的加斯卜拉的别墅借给托尔斯泰全家，作托尔斯泰养病的地方。

些讲究实际的人，会把他们的世俗的事情处理得非常好。

不用说，列·尼很了解这些"托尔斯泰主义者"的真正价值；苏列尔席次基（托尔斯泰非常爱他，而且常常带着年轻人一样的热情和赞美讲到他）也不是不知道的。有一天在雅斯纳雅·波良纳，有人滔滔不绝地讲自己自从接受了托尔斯泰的教义以后，就过得多么幸福，他的灵魂就变得多么纯洁。列·尼把头向我伸过来，小声对我说：

"他在撒谎，这个光棍，不过他是为了想讨我欢喜。"

许多人都想讨他欢喜，可是我却没有见过谁做得很好，很巧妙。他几乎从不跟我谈起那些他常谈的题目，譬如普遍的宽恕，对邻人的爱，福音书和佛教等等，他一定早就看出来这一类的食物并不合我的胃口。我深深地感谢他这种态度。

只要他愿意，他也会变得非常地优雅，多感，而且温柔的；他的语言朴素得，优美得十分动人；然而有时候，正相反，他的话听起来叫人感到不舒服，叫人感到痛苦。他评论女人的话常常使我感到不痛快；在这一方面他粗俗得过火了，他的话里面总有一些故意做作的、不诚实的、而且是完全私人的东西。我们也许可以说，他受到过一次损害，就始终不能够忘记，也不能够宽恕。我跟他认识的那个晚上，他领我到他的书房里去（那是在莫斯科的哈莫弗尼基），让我坐在他的对面，他对我讲起《瓦连卡·奥列索娃》和《二十六个和一个》来。他的语调使我非常失望,弄得我不知所措,他说得很严厉,很残酷,他认为一个健康的少女不会有什么贞节的观念。他说:

"一个过了十五岁而且身体强健的女孩子就渴望男人来拥抱她,追逐她。她的理智对于她所不懂的那件未知的事还怀着畏惧心,这就是一般人所谓的贞操,贞节。可是她的肉体却已经知道那件她不能够了解的事是不可避免的,合法的了,她的肉体不管她的理智怎样地害怕,它却要求实行这个法则。至于您呢,您所描写的那个瓦连卡,她的身体很强健,而她在感觉上却害着贫血病。这是假的!"

然后他又讲起《二十六个和一个》里面的那个少女,说了一大串"猥亵的"字眼,他说话的态度很直率,这种直率在我看来好像是冷嘲,并且使我有点恼怒了。后来我才明白他所以使用那些人们平常"不肯用的"字眼,只是因为他觉得它们更恰当,更正确,可是在那个时候我听起来却感到不舒服。我当时并不反驳他;突然间他变得很关心,很恳切,向我问起我的生活,我的研究,以及我平日在念些什么书。

"我听见别人说您念过很多的书。真的吗?柯罗连科是音乐家吧?"

"我想他不是音乐家。不过我不知道。"

"您不知道吗?您喜欢他的短篇小说吗?"

"是的,很喜欢。"

"这是因为对比的关系。他是抒情诗人,您却不是。您读过威尔特曼①吗?"

"读过。"

"他不是一个好作家吗?活泼,恰当,而且不过火。他有时候比果戈理②还好。他懂得巴尔扎克。果戈理却摹仿马尔林斯基③。"

我对他说,果戈理也许受了霍夫曼、斯推恩④,或者还有狄更斯的影响,他望着我,问我道:

"您在什么地方念到的?没有吗?这不对。我不以为果戈理懂得狄更斯。可是说实在话,您念书念得真多。当心啊,这是不好的。柯尔卓夫⑤就是这样毁了的。"

他送我出来的时候,拥抱了我,吻了我,对我说:

"您是个真正的农人!您会觉得在作家们的中间生活是有困难的,不过,您不要害怕:您永远把您想到的话直说

---

① 亚·福·威尔特曼(1800—1870):俄罗斯作家和考古学家,写过一些长篇小说。

② 尼·瓦·果戈理(1809—1852):俄罗斯作家。

③ 亚·马尔林斯基:即"哥萨克马尔林斯基",这是俄罗斯十二月党人作家亚·亚·别斯士日夫(1797—1837)的笔名。

④ 洛·斯推恩(1713—1768):爱尔兰作家。

⑤ 阿·瓦·柯尔卓夫(1809—1842):俄罗斯诗人。

出来，即使话显得粗俗，也不要紧，聪明的人会懂得的。"

这第一次的会面同时给了我两种印象：我看见了托尔斯泰，我很高兴而且很骄傲；可是同时他跟我的谈话使我觉得有点像一次考试，而且我看见的好像并不是《哥萨克》①、《霍尔斯托美尔》②和《战争与和平》的作者，却是一位大绅士，他屈尊来跟我谈话，以为应该跟我讲"老百姓的语言"，就是讲广场上和街上用的那种语言，这把从前我脑子里所想象的他的面目推翻了，那一种面目却是我所熟习的，而且是我所宝贵的。

我第二次看见他是在雅斯纳雅。这是一个阴郁的秋天；在下着细雨，他穿了一件厚厚的呢外套和一双高统的皮靴，一双道地的防水长靴。他领着我到桦树林去散步。他像年轻人那样敏捷地跳过水沟、水荡，把他头上那些积着雨珠的树枝震摇几下，他又很出色地讲给我听宪欣就在这个树林里面对他解说叔本华的事情。他慈爱地伸手去摩抚桦树的润湿而光滑的树干，一面说：

"我最近读到了这样的诗句：

菌子已经没有了，可是在峡谷里，

还留着它们的潮湿的气味……

这很好，很真实！"

---

① 《哥萨克》：托尔斯泰的中篇小说。
② 《霍尔斯托美尔》：托尔斯泰的短篇小说，一匹马的故事。

突然一只野兔从我们的腿下跑了出来；列·尼跳起来，非常兴奋，脸涨得通红。他照一个老猎人的习惯发出了一声叫喊。随后，他带着一种形容不出的微笑望着我，发出一阵聪明的合乎人情的大笑。在这一会儿他实在是非常漂亮。

另外一次，他在花园里面，望着一只老鹰。老鹰在家禽饲养场的上空飞来飞去；它画了一个圆圈，然后就轻轻地摆动它的翅膀，在空中停住了，它似乎还不能够决定马上就突击呢，还是应该等一些时候。列·尼把腰伸得笔直，用手遮住眼睛，激动地喃喃说：

"这个强盗，它看中我们的鸡了。您看，它在那儿，……它在那儿……啊！它害怕了！车夫在那儿吧？我应当喊声车夫。……"

他喊了一声车夫。老鹰听见叫声，有点害怕，仓卒地向上高飞，歪斜着身子，飞得不见了。列·尼叹了一口气，清清楚楚地抱怨自己说：

"其实用不着叫，它自己会飞走的。……"

有一天我对他讲起梯弗里斯[①]，我提到了弗列罗夫斯基-别尔威[②]的名字。

[①] 梯弗里斯：俄罗斯外高加索的一个城市。
[②] 弗列罗夫斯基：瓦·瓦·别尔威（1829—1918）的笔名。俄罗斯经济学家和政论家。

"您认得他吗?"列·尼感到兴趣地问道。"告诉我他是怎样的一个人。"

我告诉他弗列罗夫斯基是一个高身材的人,他有一部长须,人是瘦瘦的,眼睛很大,穿了一件帆布的长衣,腰带上挂着一袋在红酒里煮过的米,还带了一把很大的阳伞做武器,他就这样地跟我两个人徒步走过了外高加索的崎岖的山路;有一天我们在一条小道上碰见了一头水牛,我们不得不一面张开阳伞吓唬那个野兽,一面冒着跌下悬崖去的危险,边战边走地小心退开了。

我突然看到了列·尼的眼里充满了泪水。这使我惶惑不安,我就闭口不讲了。

"不要紧,您讲下去吧,您讲下去吧!这是因为我很高兴听见您讲到一个好人的事情。他是一个多有趣的人!这正是我想象中的他的面目,一个特殊的人物。在所有的激进派的作家中间,他是最成熟、最聪明的一个;在他的《入门》①里面,他很正确地指出来:我们的全部文明都是野蛮的,而文化则相反,它是和平人民的产物,是弱者的产物,而不是强者的产物,所谓生存竞争不过是编造出来的谎话,是替坏事作辩护。自然您不赞成这种见解吧?可是都德②却赞成;您记得他的《保尔·阿斯几耶》吗?"

---

① 《入门》:即《社会科学入门》。——巴黎版法译本注
② 阿·都德(1840—1897):法国小说家。

"可是举个例,我们拿诺曼人①在欧洲历史上所起过的作用来说,这跟弗列罗夫斯基的学说怎么能够一致呢?"

"诺曼人吗,那又当别论了。"

他有着这样一个习惯:他不愿意回答别人的时候,他就说,"那又当别论了。"

我常常觉得(我相信我并没有错),列·尼不大喜欢谈文学,可是他对于文学家个人却很感兴趣。我时常听见他发出这样的问话:"您认识他吗?他是什么样的?他生在什么地方?"他的论断差不多总是把一个人的特殊的面目表现出来了。

关于符·加·柯罗连科,他带着沉思的样子说:

"他不是一个大俄罗斯②人,所以他了解我们的生活比我们自己还更正确,还更好。"

他讲到他带着慈父的感情爱着的契诃夫时,他说:

"医学妨害他。倘使他不是医生的话,他还会写得好一点。"

讲到一个年轻的作家,他说:

"他学英国人的派头,这一点是一个莫斯科人最不容

---

① 诺曼人:("北方人"),北日耳曼部族,他们在第八世纪末到第十一世纪曾对欧洲各国进行劫掠和侵略性的骚扰。
② 大俄罗斯人:即俄罗斯人,柯罗连科是乌克兰人,革命前乌克兰人常常被称为小俄罗斯人。

易办到的。"

他不止一次地对我说:

"您是一个发明家,所有您那些库瓦尔达①都是您发明出来的。"

我告诉他库瓦尔达是一个真实的人。

"告诉我您在什么地方看见他的?"

我把我在喀山调解法官柯隆塔耶夫的办公室里第一次看见我那个库瓦尔达②的场面告诉了他,他哈哈地大声笑起来。

"白的骨头!"他笑着说,一面在揩他的眼泪。"是的!是的!白的骨头!可是他多可爱,他多有趣!您讲的比您写的更好。不,您是一个浪漫派,一个发明家,您还是承认吧。"

我对他说所有的作家大概都多多少少发明过一点东西,他们以为那些人物在实际生活中间应当是什么样子,他们就照什么样子把他们表观出来;我又对他说,我喜欢那些愿意使用任何手段(即使是暴力也好)去反抗生活里的恶的积极人物。

"然而暴力就是主要的恶!"他拉住我的胳膊大声说。

---

① 库瓦尔达:高尔基的小说《潦倒的人们》中的主人公,就是那个退伍的上尉。
② 照原文直译是"那个我后来用库瓦尔达的名字描写出来的人"。

"您这个发明家,您怎么能够去掉这个矛盾呢?您那位'我的旅伴'①就不是一个发明出来的人物。他很好,正因为他不是从您的脑子里想出来的。不过要是您专门靠想象的话,您就只会产生像阿马狄斯②和齐格弗利特③那样的武士……"

我回答说,只要我们一直生活在我们那些不可避免的人形"旅伴"的窄小圈子里的时候,我们的任何建筑物都是修筑在流沙上面,修筑在敌视的环境中间的。

他微笑了,用肘拐轻轻推了我一下。

"从这个,我们可以得出很危险的结论来。您是一个不可靠的社会主义者!您是一个浪漫派,而浪漫派却应当是君主主义者,他们过去都是这样的。"

"那么雨果④呢?"

"雨果,那又当别论了。我不喜欢他,他是一个爱嚷的人。"

他常常问我在读些什么书,倘使我选择的读物是他所不满意的,他就会责备我,每次都是一样。

---

① 我的旅伴:这是指高尔基的小说《我的旅伴》的主人公。
② 阿马狄斯:一本一半用西班牙文,一半用法文写成的一部小说 *Amadis de Gaule* 中的主人公,他的绰号是"狮武士"。
③ 齐格弗利特:德国作曲家里·瓦格纳所作歌剧《齐格弗利特》(《尼泊龙指环三部曲》的第三部)中的勇士。
④ 维·雨果(1802—1885):法国小说家和诗人,浪漫主义运动的领袖。

"吉朋①比柯斯托马罗夫②更坏。您应当念蒙森③。他的书很容易使人厌倦,然而它始终是很谨严的。"

他知道我读过的第一本书是《陈加诺弟兄》④,他就生气了。

"啊,您知道,这是一本内容空洞的小说。就是它把您弄坏了的。法国人只有三个小说家:司汤达⑤、巴尔扎克、福楼拜⑥;还可以加上一个莫泊桑⑦,然而契诃夫比他更好。至于贡古尔弟兄⑧,他们不过是假装正经的丑角罢了。他们只是在一些没有用的书本中研究生活,而那些书又是一班像他们自己那样的发明家写的;他们以为自己做的是有益的工作,而实际上它对谁都没有用处。"

---

① 爱·吉朋(1737—1794):英国历史学家,他的主要著作是《罗马帝国衰亡史》(五卷)。
② 尼·伊·柯斯托马罗夫(1817—1885):俄国历史学家,还写过几本历史小说。
③ 提·蒙森(1817—1903):德国历史学家,他的主要著作有《罗马史》《罗马币制史》等。
④ 《陈加诺弟兄》:法国小说家艾特蒙·德·贡古尔(1822—1896)在一八七九年写的长篇小说。
⑤ 司汤达:本名安·马·倍尔(1783—1842),法国现实主义作家。
⑥ 古·福楼拜(1821—1880):法国现实主义作家。
⑦ 吉·德·莫泊桑(1850—1893):法国现实主义作家。
⑧ 贡古尔弟兄两人都是法国自然主义小说家。哥哥就是《陈加诺弟兄》的作者艾特蒙;兄弟名儒勒(1830—1870),比哥哥早死。他们一直合作写了好些小说和关于十八世纪法国历史的著作。

我不赞成他的这个意见，列·尼显得有点不高兴了。他难容忍反对的意见，而且有时候他的论断又是很古怪的，还是意气用事的。

他有一天对我说：

"所谓退化的事，是并不存在的，这是由意大利人龙布罗索①发明出来的，而犹太人诺尔道②又像一只鹦鹉似地把他的话讲来讲去。意大利是一个专出走方郎中和冒险家的国家；它只生出一些像阿列地诺③、卡沙诺瓦④、卡略斯特罗⑤一类的人……"

"那么加里波的⑥呢？"

"那是政治上的，那又当别论了。"

我对他谈起从俄国商人家族的历史中摘出来的一连串事实，他回答说：

"这不是真的，这是聪明的书本上写着的。"

我把我所认识的一个商人家庭的三代的历史对他讲了，在这一段历史里面退化的法则特别无情地起了作用；

---

① 塞·龙布罗索（1836—1909）：意大利的医生和犯罪学家。
② 马·诺尔道（1849—1923）：德国医生和著作家，著过一部《退化论》（二卷）。
③ 比·阿列地诺（1492—1556）：意大利讽刺文学作者。
④ 乔·卡沙诺瓦（1725—1798）：意大利的冒险家，著有《回忆录》十二卷。
⑤ 亚·卡略斯特罗（1743—1795）：意大利的大骗子，曾被判死刑，后减为无期徒刑。
⑥ 朱·加里波的（1807—1882）：意大利的民族英雄。

于是他兴奋地拉我的袖子对我说：

"这倒是真的！我知道这个；在图拉有两家人是像这样的。应当把它描写出来，可以简简单单地写成一部大的长篇小说，您明白我的意思吗？一定的！"①

他的眼睛亮闪闪地发光。

"可是这样又会写出些武士来的，列夫·尼古拉耶维奇！"

"不要管它！这是很有益的事情！那个为了好替全家祷告而出家修道的人，的确是了不起的！这是真实的：你们犯罪，我却为了解除你们的罪孽祷告。还有另外的一个人，那个厌倦生活爱财如命的兴家立业的人，也是真的！他爱喝酒，他是个粗暴的人，是个荡子，他对大家都爱，可是他突然间杀了人。啊！这真好！应当写这个，要在小贼和讨饭的人中间去找英雄是不行的，的确是不行的。所谓英雄，这是谎话，是发明出来的东西，只有平常的人，人，再没有别的了。"

他常常给我指出我的短篇小说中间的一些夸张的描写，可是有一天谈到《死魂灵》②的第二部的时候，他却

---

① 高尔基后来真的把它写出来了。这就是在一九二五年出版的《阿尔达莫诺夫家的事业》。
② 《死魂灵》：果戈理著的长篇小说。第二部的原稿被作者烧掉了，现在只剩下一部分的残稿。

带着好心的微笑对我说：

"我们全是很厉害的发明家！我也是一样的。我们写作的时候，会突然对一个人物起了怜悯心，于是就给他添上一点好的性质，又给另外一个人物减去一点好的性质，为了使他不致显得比别人坏。"

可是他马上又用一个严厉的法官的庄严声调接着说：

"所以我说艺术是谎话，是欺骗，是专断，而且是对人有害的东西。人们并不是在描写真实的生活，并不照生活的本来面目描写，却是照他自己心目中的生活的面目来描写。我对这座塔，这个海，或者这个骀靼人怎样看法，谁需要知道呢？这有什么趣味呢？这有什么用处呢？"

有的时候我觉得他的思想和他的感情是反复无常的，或者甚至于是故意做作的，然而在更多的时候，他的思想却又是极其坦白的，而且他正是由于他思想的十分坦白直率，使人佩服，使人惊讶，就像那个对残酷的上帝不断地发出责问的大胆的约伯①那样。

有一天他告诉我：

"有一回，在五月尾我在基辅的公路走着。大地是一个乐园，万物都在欢笑，天空没有一片云，小鸟在歌唱，蜜蜂嗡嗡地哼着，太阳也很温和可爱，我周围的一切都

---

① 约伯：古乌斯地的一个富翁。他为人正直，敬畏上帝，后来遇到好些灾祸，他便责问上帝：为什么对待他太严（见《旧约·约伯记》）。

像在过节日一样，是富于仁爱的，而且是壮美的。我感动得要流出眼泪来，我觉得我自己好像是一只蜜蜂，世界上最美的鲜花全给了我让我自由去采蜜，我觉得上帝似乎就在我的灵魂的近旁。我忽然看见路旁一丛灌木下面躺着一个男香客和一个女香客一上一下地搂在一块儿，两个人都是灰色的，肮脏的，年老的；他们像小虫似地蠕动着，一边喘气，一边小声讲话，这时候太阳却毫不怜悯地照着他们的青灰色的光腿和枯瘦的身体。我的灵魂都受到了打击。主啊，您，美的创造者，您难道没有羞耻心吗？我难过极了。

"是的，您看见这是怎么一回事了。大自然，在那班'上帝之友'①看来，就是魔鬼的工作；它常常残酷地折磨人，而且不断地嘲弄他：它拿走了人的力量，却只给他留下了欲念。对一切有活的灵魂的人来说，这倒是真的。只有人才能够感觉到加在他肉体上的这种折磨的全部的羞耻和恐怖。我们一直把它负担在我们身上，就像它是一个不能避免的惩罚，然而这是为了什么罪孽呢？"

在他讲话的时候，他的眼睛起了奇怪的变化，一时变得像孩子的诉苦一样，一时又发出一种冷酷无情的光。他的嘴唇颤抖着，他的唇须竖起来。他说完了，从他那粗布衣服的口袋里拿出一块手帕，使劲地揩他的脸，虽

---

① "上帝之友"：保加利亚的一种宗教分派。——莫斯科版英译本注

然他的脸上并没有淌汗。然后他又用他那农人的结实的手的钩形指头梳理他的胡子，小声地重复说：

"是的，是为了什么罪孽呢？"

有一天我跟他一块儿在从久里别尔到阿依－托多尔的下行的公路上走着。他像一个年轻人似地迈着轻快的步子，比平日多少兴奋一点地说：

"肉体应当是精神的驯服的狗，服从着精神的差遣，而我们呢，我们怎样生活呢？肉体骚动着，反抗着，而精神却悲惨地、毫无办法地跟着它跑。"

他用力擦他的胸膛，擦那心脏所在的地方，竖起眉毛，继续追叙他的回忆：

"有一年秋天在莫斯科，苏哈列夫塔的附近，一条冷静的小街上，我看见一个喝醉酒的女人；她睡在人行道上。从一个人家的院子里流出一道污水，正流到她的后颈和背下面；那个女人睡在这样冷的油水里面，口里喃喃地不知道在说些什么，一面在挪动身子，她的身子在湿地上挣扎着，可是终于爬不起来。"

他打了一个冷噤，眯起眼睛来，摇摇头，小声说：

"我们在这儿坐一会儿吧。……一个喝醉酒的女人……这是最可怕、最可厌的东西。我本来想去帮忙她站起来，可是我不能够，我太厌恶了：她是那样地黏湿滑腻；人要是挨到她，恐怕过了一个月还不能够把手洗得干净；多么可怕！在这个时候，一个金头发灰眼睛的小孩坐在旁边人行道的缘石上；眼泪沿着他的脸颊流下来。他吸着鼻涕，用一种疲倦的、失望的声音反复地说：'妈……妈，妈妈，你站起来……'她动了动她的胳膊，喉咙里发出响声，抬起了头，但是又倒下去，后脑袋又陷在污泥里面了。"

他不作声了，随后他向四周望了望，用了几乎听不出来的声音担心地反复说：

"是的，是的，叫人害怕！您见过很多喝醉酒的女人吧？很多，啊！我的上帝！您不要描写这个，这是不应当写出来的！"

"为什么呢？"

他对直望着我的眼睛，带笑地跟着我说一遍：

"为什么呢？"

然后他带着思索的神情慢慢地说：

"我也不知道。我这样觉得……不好意思写丑恶的事情。然而，为什么不写呢？什么都写，什么事情都应当写……"

他的眼睛里涌出了泪水。他揩了它们，他一直带笑地看他的手帕，可是眼泪又流下他的脸颊来了。

"我哭了，"他说。"我是一个老年人了，我每逢想起什么可怕的事情，我的心就紧了。"

他用肘拐轻轻地推了我一下：

"您也会是这样，将来您活到老年的时候，一切都会照旧不变，那个时候您也会哭，而且比我哭得更多，像乡下女人所说的，眼泪水'流得像小河一样'。……然而什么都应当写，全写出来，否则那个金头发的小孩会怨恨我们，责备我们的。'这不是真的，这不全是真的'，他会这样说。他呢，他严格地要求真实。"

他猛然把全个身子抖了一下，用一种亲切的声音向我要求说：

"现在您给我讲点什么故事吧，您讲得很好。讲点您自己的事，您小孩时候的事。人很难相信您也做过小孩来的，您是个多么古怪的人。好像您生下来就是个成人似的。在您的思想里面，却有很多小孩的、不成熟的东西，可是您对生活已经知道得够多了；不应当再多了。来，讲吧……"

他在一棵松树下面安适地躺下来，睡在松树的外露的根上，望着那些小蚂蚁在灰色的松针中间忙碌奔走。

南方大自然的那种绚烂色彩是北方的人所不大熟习的，在这样的大自然里面，在欣欣向荣的葱茏的草木的中间，他，列夫·托尔斯泰——他的姓名①就显露出来内在的力量！——这个全身疙疙瘩瘩，好像完全由深埋在地

---

① "列夫"这个俄国字的意思是狮子；"托尔斯泰"的意思是壮、大。

下的结实树根做成的瘦小的人，我再说一遍，在克里米亚的绚烂夺目的大自然里面，他一方面显得很适合，一方面又显得不适合。他倒像是一个很古很老的人，好像是这整个区域的主人，一个主人和一个创造者，他离开了他自己创造出来的这个领地一百年以后，现在回来了。他已经忘记了许多东西，还有许多东西却是他从未见过的；现在一切都齐整有序地排列在那儿，可是也并非全是这样，所以他得立刻看出来哪一些东西不成，而且为什么不成。

他用了像一个勘察土地的专家那样的敏速而急迫的步子走遍了大路小路，他那对锐利的眼睛连一粒小石子或者一个思想也不会放过，他用这对眼睛观察，测量，试探，比较。他尽量地在他的周围散布他那不能驯服的思想的活种子。他对苏列尔说过：

"列伏希卡：你，你什么书也不念，这不好，因为这是自负；而高尔基恰恰相反，他念得太多，可是这也不好，这是缺乏自信心。我呢，我写得太多，这也是不行的，因为我这样做是由于一个老年人的自尊心，由于我想使大家都跟着我一样地思想的欲望。不用说，我认为这对我是好的，而高尔基却以为这对他是不好的；至于你呢，你一点儿也不去想，你只是眨着眼睛，打算抓住随便哪一样能够到手的东西。你将来会抓住一样跟你毫不相干的东西,这样的事情你已经做过。你会抓住它,会把它捏住一会儿,可是等到它自己开始从你手里挣脱出去的时候,你一点儿也不去抓牢它。契诃夫写过一篇很好的短篇小说《宝贝儿》,你有点像那个女主人公。"

"在哪一点上?"苏列尔笑着问道。

"你会爱,然而你不知道选择,你把你的工夫都花在那些琐细的事情上面。"

"不是所有的人全这样的吗?"

"所有的人?"列·尼跟着说了一遍,"不,并不是所有的人。"

他突然掉过头来问我一句话,好像他要一下子打中我似的:

"为什么您不相信上帝呢?"

"我没有信仰,列夫·尼古拉耶维奇!"

"这不是真的。拿天性来说,您是一个信仰者,您不能够一直没有信仰。您自己不久也会感到。您现在之所以不相信,这是因为您固执,您怀恨:这个世界并不是照您所想望的那个样子创造的。也有一些人是因为胆小而不信上帝的;有些年轻人就是这样。他们崇拜一个女人,却不愿意向她表示,因为他们害怕她不了解,同时也因为他们自己缺乏勇气。信仰跟爱情一样:也需要勇气,需要胆量。您应当对自己说:'我有信仰。'那么一切都会顺利的，一切都会照您所愿望的那样实现的，都会自己解释得很明白，而且会把您吸引住的。您也是这样，您爱得很多，而信仰也不过是加强了的爱罢了，您应当爱得更热烈些，那么您的爱就变成信仰了。一个男人爱上一个女人的时候，这个女人便是世界上最好的；每个男人永远爱着那个最好的女人，这已经是信仰了。凡是没有信仰的人，就不能够爱。他今天爱一个女人，下一年他又会爱上另外一个了。这种人的灵魂是一个流浪者。它是不会结果实的，这是不好的。您是一个天生的信仰者，用不着故意跟自己反对。您不是常常讲到美吗？可是什么是美呢？上帝就是最崇高的而且最完美的。"

以前他差不多从没有跟我讲过这个题目，现在它突然地被提出来，再加上它又是那样地重要，这把我弄得有点不知所措了。我不作声。他盘着两只脚坐在沙发上，胡子下面露出了胜利的微笑，他拿手指头威胁一般地指着我，说：

"您不开口，是不行的，不成！"

我，这个不信上帝的人，我也不知道为了什么缘故，却很小心地而且有点畏惧地望着他；我一面望着他，一面想道：

"这个人倒像上帝！"

索菲雅·安德烈耶夫娜·托尔斯泰夫人 ①

我读完契尔特科夫②的小册子《托尔斯泰的出走》以后，我心里想：一定会有人出来在报上指明这个著作的唯一的、直接的目的是中伤故索菲雅·安德烈耶夫娜·托尔斯泰夫人。

可是一直到现在，我还没有读到过一篇揭发了那个虔诚的意图的文章。现在我又听说不久还要出版另一本书，它也是抱着那种可以佩服的目的写的：要使全世界所有受过教育的人都相信列夫·托尔斯泰的妻子是他的魔鬼，她的真正的名字是冉底匹③。这种"真理"的肯定

---

① 本文最初发表在一九二四年的《俄罗斯同时代人》第四期上，后来作者又补写了最后的四段在同年出版的《交谈》第五期上刊出。

② 符·格·契尔特科夫（1854—1936）：本来是俄罗斯有钱的贵族军官，后来变成了托尔斯泰的忠实信徒。他的小册子原名 *The Last Days of Tolstoy*。

③ 冉底匹：希腊哲学家苏格拉底的妻子，脾气暴躁，爱和丈夫吵架。苏联作家维·维·魏列萨耶夫（1867—1945）在他的《托尔斯泰的艺术生活》中说：

确实是被人认为非常重要而且绝对需要的，我想尤其是对于那些在精神上和物质上喜欢看别人笑话的人。

尼日尼-诺弗戈罗德的一个裁缝加米罗夫常常爱说一句这样的话：

"我们可以缝一件衣服把人打扮漂亮，我们也可以缝一件衣服把人打扮难看。"

把人打扮得漂亮的"真理"是艺术家创造出来的，而世界上所有其他的人都在匆忙地（自然不是没有技巧地）制造"真理"，为的是把彼此打扮得难看。我们之所以这样不知厌倦地互相毁谤，大概是因为人是一面给人看的镜子。

我从来不去研究这些"真理"的价值，这些"真理"是按照俄国古代的习惯，用柏油写在马车出入的大门上面的；我现在只想写一点点关于伟大的列夫·托尔斯泰的唯一的女友的事情，我要写我所看见的她和我所了解的她。

一个人不会因为死了就变得更好一点；理由是很明显的：我们谈论死人就跟谈论活人一样地带着恶意，一样地不公道。那些卓越的人为着贡献了他们整个的生命和他们出色的创造精神的全部力量，最后躺在他们的坟墓里面，他们是给我们的庸俗卑鄙很巧妙地折磨死了的——我们不断地谈论这些人，写文章论述他们，我们

"索菲雅·安德烈耶夫娜并不是一个冉底匹，而托尔斯泰跟她的关系也不是苏格拉底跟他妻子的关系……"

唯一的目的好像就是使我们自己相信：他们都是跟我们一样的可怜的罪人。

一个好人的过失，即使是偶然的、轻微的过失，也要比一个坏蛋的无私心的甚至英勇侠义的行为更使我们高兴：我们觉得把好人的过失看作一个必然的法则，倒很便利，很愉快，而坏蛋的无私心的或者侠义的行为却像一个奇迹似地使我们的心不安宁，这个奇迹会危险地推翻了我们通常对于人的看法。我们每次看到好人的过失的时候，我们总会在虚伪的惋惜下面隐藏着我们的高兴，而在看见坏蛋的无私心的或者侠义的行为时，我们一面表示了虚伪的满意，一面却怀着一种秘密的恐惧暗暗问我们自己："啊！真是活见鬼，倘使所有的坏蛋一下子全变成了好人，那么我们又怎样呢？"

因为，正如有人正确地说过了的，人们大多数"对善与恶都一样可耻地不关心"，并且还想保持着这种态度一直到死。因此，实际上善与恶同样敌对地使我们惊惶不安，它们越是显著，它们便越使我们不安。

精神贫乏的人们的这种可悲的不安在我们对待女人的行为上也看得出来。在文学中和在实际生活中都是一样，我们喜欢嚷着：

"俄罗斯女人是全世界最好的女人！"

这种叫嚷使我想起了街上卖龙虾的小贩的叫卖声：

"卖龙虾啊！活龙虾啊！好龙虾啊！"

人们把活生生的龙虾丢在沸水里面，再加上盐，胡椒粉和桂叶，然后把它们一直烧到变红为止。实际上我们对待欧洲"最好的"女人的态度也就是这样的。

也许是这样的情形吧：我们承认了俄罗斯女人是"所有女人中间最好的"，以后我们就有点害怕了：是不是她们真的比我们男人好呢？所以我们只要有适当的机会，就把我们的女人丢进我们油腻的庸俗卑鄙的沸水里面去，而且不会忘记加放两三片桂叶去调和汤味。不用说，越是出众的女人，我们越想把她煮得发红。

地狱里面的魔鬼看见人们带着多大的伪善的本领互相在侮辱、中伤，真是羡慕得不得了。

人死后不会变得更坏，也不会更好，可是他不会再扰乱我们的生活了，我们在这方面多少还有点感激的情感，我们便拿立刻忘记来酬答死者，对于死者这无疑是很愉快的事情。我以为即使不能说是全体的话，但就一般地说来，对于那一种想使人变得更好，想使生活更合乎人情，白白地拿了他们的这种愿望弄得我们不能安宁的人，不论他们活着也好，死了也好，我们所能送给他们最好的礼物便是忘记。

然而我们的卑鄙的怨恨，我们的可怜的复仇心，我们的伪善的道德却违背了那个聪明的忘记死者的好习惯；

我们对于故索菲雅·安德烈耶夫娜·托尔斯泰夫人的态度便是一个明显的证据。

我相信我能够完全公正地讲她，因为我一点儿也不喜欢她，她对我也无好感，她由于她那坦白直率的性格，并不在我面前隐藏她的这种不快。她对待我的态度甚至有一种轻视的性质，不过我却毫不在意，因为我看出来她认为包围着她那位伟大殉道者的丈夫的人大部分都是小苍蝇、蚊虫——一句话说完，是寄生虫。

她这种对于外人的猜疑有时候可能使列夫·托尔斯泰痛苦。在这儿那些聪明人就找到机会来引用《隐士和熊》①的寓言了。不过要是他们想象一下包围着那位大作家的苍蝇是多么密密麻麻的一大群，而且那些靠他的精神生活的寄生虫有多么讨厌的时候，那倒更适合，更聪明。每一只苍蝇都尽心竭力想在托尔斯泰的生活和记忆中留下一个痕迹，而且有少数苍蝇居然放肆到连像圣芳济各②那样热爱一切的人也会对他们生恨的。所以索菲雅·安德烈耶夫娜（她是一个热情的女人）对他们的仇视态度也是更可以解释的了。至于列夫·托尔斯泰本人，

---

① 《隐士和熊》：俄罗斯寓言诗人伊·安·克雷洛夫（1769—1844）的寓言诗。隐士在树下睡着了，熊替他赶苍蝇。熊伸出巨掌去打贴在隐士的前额上的苍蝇，却把隐士打死了。

② 圣芳济各（1182—1226）：基督教的圣人，生于意大利的阿西斯。

他跟世界上所有的大艺术家一样,对人的态度是很姑息的;他有他独特的个人的爱好,这跟现有的道德常常是不一致的。在他的一八八二年的《日记》里面,他讲到他的一个熟人时说过这样的话:

"要是他不喜欢狗的话,他就会是一个十足的流氓了。"

从八十年代末期起,托尔斯泰的妻子就可能相信列夫·托尔斯泰跟他的某一些崇拜者和"弟子"的亲密的友谊只会给他带来麻烦和痛苦。

她自然不会不知道某一些"托尔斯泰主义者"聚居地的惨痛而无耻的丑剧,例如在阿尔汉格尔斯克省内辛比尔斯克聚居地发生的丑剧。这个丑剧的结局是一个农家少女的自杀,而且这以后不久,卡罗宁①就拿它作题材写了一个短篇小说《包尔斯卡雅聚居地》,引起了很多的是非。

索菲雅·托尔斯泰夫人读过一群悔罪的"托尔斯泰主义者"所发表的下流的文章《揭发托尔斯泰伯爵的伪善》,这一群托尔斯泰主义者中间就有《一个托尔斯泰主义者的日记》的作者伊里英,他写了那本充满歇斯特里的恶毒的书;她也读过诺沃谢洛夫在战斗教会②的机关报

---

① 斯·卡罗宁:俄罗斯民粹派作家尼·叶·彼得巴夫洛夫斯基(1853—1892)的笔名。
② 战斗教会:或译"地上教会",即所谓"与现世肉欲、恶魔、毒害等奋斗的教会"。

《正教杂志》(这是正教的刊物,同时也是警察局的刊物)上面发表的几篇文章,诺沃谢洛夫过去也是托尔斯泰的一个信徒,他还是一个聚居地的组织者。

自然她一定也注意到喀山圣教学院的教授古谢夫的关于托尔斯泰的讲演,这是一个揭发那位"只爱自己的伯爵①的邪说"的最激烈的告密人:在这次讲演中古雪夫教授除了别的一些话以外,还公开地说,关于那位"雅斯纳雅·波良纳的假贤人"的家庭生活,他所得到的消息都是一些受过那种荒谬邪说迷惑的人供给他的。

索菲雅·托尔斯泰夫人在这些被她丈夫的说教所感化了的热心者中间,一定见过敏希科夫,这个人在他的著作《论爱》里面装满了托尔斯泰的思想,可是不久却变成了一个阴暗的热狂者,做了《新时代》②撰稿人,在那班给这个无聊报纸写文章、并且嚷得厉害而又有点才能的憎恨人类派中间,他还是最出色的一个。

这种人她认识得太多了,尤其是那个天生的诗人布尔加科夫,她的丈夫却热烈地欢迎他;列夫·托尔斯泰把他那些写得很坏的诗拿去在《俄罗斯思想》③上发表了,可是那个受过很少教育的、有病的、而且过分看重

---

① 伯爵:指托尔斯泰。
② 《新时代》:一份反动报纸。
③ 《俄罗斯思想》:民粹派的月刊。

自己的笨蛋诗人不但不感谢托尔斯泰，反而写了一篇无聊的文章：《在托尔斯泰的家中给他的一封公开信》。这篇文章态度很坏，全是谎话，而且写得很糟，我相信，没有一个人敢拿它发表。连《莫斯科新闻》也把它退回去了，并且在原稿上注明理由："因为过于粗俗无礼，不能发表。"布尔加科夫把他的原稿连评语一起寄给托尔斯泰，并且附了一封信，要求托尔斯泰发表"关于自己的真相"。

还有那个著名的"托尔斯泰主义者"布兰热①的故事也很可能使索菲雅·安德烈耶夫娜担心。可是她在那班自称为托尔斯泰的"信徒"的人身上所看到的粗俗、伪善、自私自利，除了上面举过的那几个例子以外，还有很多的事实。

这说明了为什么她对她丈夫的弟子和崇拜者极不信任的原因；那些事实广泛地证明了她想弄开那群包围她丈夫的寄生虫的愿望是不错的，对她丈夫的伟大工作和高度的精神生活，她是看得明白而且完全了解的。不用说，靠了她，托尔斯泰才免掉挨到许多蠢驴的脚踢，靠了她，许多的污泥和唾沫才没有落到托尔斯泰的身上。

我还记得在八十年代中间几乎没有一个会读书写字

---

① 巴·亚·布兰热（1865—1925）：俄罗斯铁路工程师，写过几篇关于托尔斯泰的文章如《托尔斯泰与契尔特科夫》（一九一一年）等，他还有几本论述东方宗教的著作。

的闲人懒人不出来堂皇地揭发、检举那个盖世天才的宗教方面、哲学方面、社会方面以及其他各方面的谬误。这些揭发检举的声音一直达到"心地单纯的"老实人中间：在烧死杨·胡斯①的火堆上添了一把柴的温和的小老太婆居然成了一个不朽的人物。

我现在仿佛还看见喀山的糖果商人玛洛美尔科夫立在一个用来煮果子汁制糖果的大锅旁边；我还听见这个点心和糖食的制造商带着思索的样子说：

"呀！可惜我们不能够把这个毒蛇托尔斯泰，这个邪教徒也拿来煮熟……"

一个察里津的理发师写了一本书，我记得书名叫做《托尔斯泰伯爵和圣先知们》。一个本地的教士在原稿第一页上用紫色墨水大字批注道：

"除去那些由于一种在别方面已经证明了是正当的愤怒而产生的措辞粗俗以外，我完全同意这部著作。"

我那个朋友电报员尤陵是一个聪明的驼背，他居然从原作者那儿把原稿弄了来：我们读完了它，这个理发师对《波里库希卡》《哥萨克》《我的信仰》好像还有《三弟兄的故事》（这篇东西我不久以前才第一次读到）的作者的那种狂暴的憎恨使我大为吃惊。

---

① 杨·胡斯（1369—1415）：捷克的宗教改革者，曾任布拉格大学教授，后因鼓吹反对日耳曼人及天主教会的暴虐被处火刑。

一个瘸腿的洛格的老哥萨克走遍了顿河一带的村子以及格里亚齐-察里津线和伏尔加-顿河线的所有的车站，到处宣传说："在莫斯科，托尔斯泰伯爵煽惑人民反抗信仰和沙皇。"又说他（托尔斯泰）抢走某些农人的土地，拿去分了"给一些贵族出身的邮差，也就是他的亲族"。

那个天才的叛逆的良心的响亮声音引起了这些愚昧无知的精神和感情的骚动，它们的回声可能传到了雅斯纳雅·波良纳，那么由于这个原因，再加上一些别的原因，八十年代就成了索菲雅·安德烈耶夫娜一生中最感痛苦的几年了，这是无可怀疑的事。我认为她在这个时期中所担任的脚色是十分英勇的。要把那么多的诬蔑诬害和卑污丑恶隐瞒着不让列夫·托尔斯泰知道，要使他看不见，听不到那么多的不论是他、或者任何人都用不着知道的事情以及那些会影响到他对人的态度的事情，这的确需要着很多的精神力量和充分的机警。

要消灭毁谤和中伤，最简单的方法便是沉默。

假使我们公正无私地观察过那些大师的生活，我们就会看出来，不仅是像一班人通常所想的那样，大师们宠坏了他们的弟子，并且弟子们也会使大师的性格变坏，一些人拿他们的愚蠢，另一些人拿他们的调皮胡闹，还有一些人则把他的学说加上一种滑稽可笑的解释，他们拿这些来影响他们的大师。而列夫·托尔斯泰对于人们对他的生活和著作的赞赏，并不永远是完全不动心的。

最后还有一桩可能的事：托尔斯泰的妻子不会忘记托尔斯泰生活在一个什么事都干得出来的国家里面，而且这个国家的政府不经审判就把人送到监牢里去关了二十年。那个"邪教的"教士左洛特尼次基被关在苏兹达尔寺院的监狱里面过了三十年，只有在他的理性完全丧失了的时候，才给人放出来。

艺术家不寻求真理，他创造真理。

我并不以为托尔斯泰自己就满意他向人们宣扬的那个真理。在他身上互相矛盾地而且无疑是很折磨人地同时存在着两个基本的精神的典型：创造者的创造精神和探索者的怀疑精神。《战争与和平》的作者把他的宗教学说想出来并且献给人们，也许只是为着免得人们来打扰他那聚精会神的艺术家的工作。我们可以承认说，天才艺术家托尔斯泰带着宽容的微笑和讥讽的摇头，望着顽固的传教者托尔斯泰。在他的《青年时期的日记》里面，他很明显地表示出来他那种非常仇视有分析的思想的态度。在一八五二年三月二十二日他就这样地写着：

"头脑越是空虚，那么它能够同时容纳的思想就越多。"

显然从这个时期起"思想"就妨害了他的心和他的

精神的基本要求——艺术创造的要求。单是他痛苦地感觉到"思想"对他那种不自觉地依恋艺术的倾向的反抗这个事实，单是这种两个原则在他精神中的斗争就可以说明他为什么写下了这样的话：

"……良心是人类能够遭受到的最大的祸害了。"

在一封写给阿尔谢尼耶娃①的信里他就已经说过：

"过大的才智是可厌恶的。"

然而"思想"占了优势，它们强迫他把它们集起来，并且把它们结合成一种类似哲学体系的东西。三十年来他就把全力用在这上面，让我们看见一个伟大的艺术家居然走到了否定艺术的地步，而艺术又明明是他的灵魂的中心点。

他在临死前最后的几天里，写了这样的话：

"我深深感觉到写作的诱惑与罪恶——我感觉到这种诱惑和罪恶，一方面是为着别人，另一方面，尤其是为着我自己。"

在人类历史上再没有像这样悲惨的情形了：至少，我不记得有过什么大艺术家会像他这样相信艺术（这是

---

① 瓦·阿尔谢尼耶娃：托尔斯泰年轻时期（一八五六年）的女友，托尔斯泰当时写过一些信给她。托尔斯泰在一八五九年完成的中篇小说《家庭幸福》中的两个主人公便是阿尔谢尼耶娃（玛利）和他自己。阿尔谢尼耶娃给托尔斯泰的信没有留下来，而托尔斯泰给她的信，托尔斯泰夫人在将近四十年以后还常常妒嫉地反复读着。

人的最美丽的成就）是一种罪恶的。

总之，列夫·托尔斯泰是十九世纪的伟大人物中间最复杂的一个。做列夫·托尔斯泰的唯一的亲密友人，做他的妻子，做他的许多孩子的母亲，做他的家庭的主妇，这的确是一个很艰难而责任繁重的职务。索菲雅·托尔斯泰夫人比任何一个人都更好更深地看见而且了解一个天才在那种日常生活的气氛中，在跟那些空虚、浅薄人物的频繁接触中怎样会感到穷蹙、窒息，这是我们不能否认的事。然而同时她也看见、也了解一个伟大的艺术家只有在他秘密地而且奇迹般地创造他的精神的事业的时候，他才是真正伟大的，可是在他打"胜牌"① 输了的时候，他也会像普通人那样地发脾气，并且他也会像一般人那样毫无理由地发脾气，把自己的过失推到别人身上，恐怕连她自己也做过这类的事。

不止是索菲雅·托尔斯泰夫人一个人不了解一个天才的小说家应当种地、修炉灶、做皮靴；就是托尔斯泰的许多伟大的同时代人也不明白这个。然而他们至多只会为这种精力的浪费叹惜，而索菲雅·托尔斯泰夫人却会生出别的一些情感。她一定还记得一个俄罗斯"虚无主义"的理论家，他写了好些作品，其中有一篇是关于忒阿那的阿

---

① 胜牌：纸牌戏中的一种。

帕罗尼乌斯①的很有意义的研究,他曾经公开地说过:

"一双皮靴比莎士比亚更重要。"

不用说索菲雅·托尔斯泰夫人比任何别的人都更担心《战争与和平》的作者会跟"虚无主义"的思想意外地连在一块儿。②

托尔斯泰把一本书的校样重看到七次之多,而且每次都是改得差不多等于完全重写,自己受到折磨,同时也折磨别人,——要跟这样一个著作家一块儿生活,要跟那个造出了一个在他之前并不存在的广大世界的创造者在一块儿生活,这是一种多么特殊的生活啊,这种生活的焦虑不安,难道我们还不能了解,还不能尊重?

我们不知道列夫·托尔斯泰跟他的妻子单独地在一块儿把他刚写成的几章小说第一次念给她听的时候,她说了些什么话,而且是怎样说的。我自然不会忘记那个天才的过人的洞察力,可是同时我也认为他那部气象万千的雄伟的小说中的一些女性的面貌只能够为女人所认识,而且可能是一个女人提示给小说家的。

这是不用怀疑的:为了使生活的纷乱尽可能地更为

---
① 忒阿那的阿帕罗尼乌斯:第一世纪中的希腊哲学家,被人视为魔术家和制造奇迹者。
② 托尔斯泰也不喜欢莎士比亚,在他晚年写的论莎士比亚的小书中,他把莎士比亚攻击得体无完肤。

复杂，我们到这个世界上来全带着一个教师的灵魂。我从没有遇到过一个人，他是完全免掉了那种顽固的教训他邻人的欲望的。别人对我说这个缺点对社会进化的目的有好处，这是没用的；我还是一样地相信：倘使人们少教训多学习的话，社会的进化一定要快得多，近人情得多，而且人们也更富于独创性。

头脑的"思想"无理地支配着艺术家列夫·托尔斯泰的伟大的心，强迫它负担起"人生教师"的白白费力的、困难的任务来。人们常常说，教训损害了他的艺术作品。我以为在托尔斯泰的那部雄伟的历史小说中倘使没有了像现在我们所感觉到的女性的影响，那么它里面一定会有更多的哲学，和更少的和谐。也许正是因为托尔斯泰的妻子的恳求，《战争与和平》的哲学的部分才被抽出来放在作品的最后，在那儿，它①对什么东西和什么人都不会有妨害了。

在那些我们看得见的女人的功劳中间，我们得提说一件事实，就是她们虽然生出了哲学家，她们却不喜欢哲学。在艺术中哲学也有很充分的地位。艺术家知道用美丽的图画来装饰赤裸的思想，善于在面对着暧昧难解的人生之谜的时候，把哲学的软弱无力掩饰起来。所以苦的丸药拿给小孩子吃的时候总是装在漂亮的盒子里面：

---

① 指《战争与和平》卷末的《尾声，第二部》。

这是一个很聪明、很仁慈的办法。

沙白阿斯①创造了一个这么坏的世界,因为他是一个独身者。这并不是一句简单的无神论者的嘲讽的警句:我倒想用这样的话表明我是坚决地相信在鼓舞创造和在生活中增加和谐的成分这两方面,女人都负担着重大的任务。亚当堕落的陈旧的传说②永远不会失掉它的深刻的意义:这个世界的幸福全是靠了女人的好奇心得来的。而它的不幸则是由于全人类的集体的愚蠢,女人的愚蠢自然也包括在里面。

"爱情与饥饿统治世界",这是最真实的题铭,而且它最适合人类受苦的长期历史。凡是在爱所统治的地方,我们(我们不久以前还是畜生样的蠢东西)就有了文化、艺术以及一切我们有理由自夸的了不起的东西。然而要是饥饿做了我们行为的动机的时候,我们就得到了文明和一切跟着它来的不幸,以及一切的负担和一切的束缚(那是我们以前还是畜生样的蠢东西时候所不能免去的)。最可怕的一种愚蠢便是这种被人称为"贪欲"的兽性的

---

① 沙白阿斯:即耶和华上帝。
② 《旧约·创世记》中说:"耶和华上帝……又对亚当说:'你既听从妻子的话,吃了我所吩咐你不可吃的那树上的果子,地必为你的缘故受咒……地必给你长出荆棘和蒺藜来。……'"

性质。要是人们少一点贪欲,那么他们所得到的满足也就会大一点,而且他们也会变得更聪明一点。这并不是一个警句,因为事情是很明显的:倘使我们习惯了把那个对我们自己只是一种过重负担的多余东西分给别人,那么世界就会变得更幸福,人也会变得更好了。可是只有艺术家和科学家才把他的精神的一切财宝拿来分给全世界:他们死后也跟所有别的人一样做了蛆虫的食料,而他们在世的时候他们就已经做过了批评家和道德家们的食物了,那班人长在他们的皮肤上,就跟寄生在果树皮上的地衣一样。

在乐园①中蛇②的角色是由伊拉斯③扮演的,伊拉斯,这个不能驾驭的力量,列夫·托尔斯泰对它甘心服从,而且热心为它服务。我并没有忘记《克来采长曲》是谁写的,可是我也常常记起七十二岁的尼日尼-诺弗戈罗德的商人阿·普·波尔沙科夫,从他的窗户内望着一些中学女学生在街上走过,一面叹口气说:

"唉,倒楣,我老得这样快!眼前就有一些小姐,我却不需要她们了:她们只给我唤起怨恨和妒忌。"

我相信我虽然说人们在《克来采长曲》里面就感到了

---

① 乐园:指《创世记》中的伊甸园。
② 《创世记》中蛇引诱女人吃智慧的果子。
③ 伊拉斯:希腊神话中的恋爱的神。

这种完全自然的、正当的怨恨，我也并不会使得那个大艺术家的光辉的肖像减色。并且托尔斯泰自己就常常在抱怨大自然的无耻的嘲弄，它断绝了力量，却把欲望留下来。

我们谈起托尔斯泰的配偶的时候，最好不要忘记托尔斯泰虽然是怎样地热烈多情，可是差不多在半个世纪中间，他就只有这个唯一的妻子：索菲雅·安德烈耶夫娜。她也是他的亲密的、忠实的、而且我相信还是唯一的朋友，虽然列夫·托尔斯泰因为对他自己的精神的财富有着天然的慷慨心，把"朋友"这个称呼送给了许多实际上只是他的弟子的人。此外，我还可以说，我们很难想象出一个真正够得上做托尔斯泰的朋友的人。

索菲雅·安德烈耶夫娜单是靠着她跟托尔斯泰的结合中的这种持久有恒的事实，也就值得所有的崇拜那个天才的为人和著作的人（不管是真的也好，假的也好）的尊敬了。并且为了这个理由，那班在研究托尔斯泰的"家庭戏剧"的先生们也得制止他们那些诽谤，制止他们那些个人的狭隘的怨恨和报复的感情，制止他们那种跟密探的肮脏工作多少有点相似的"心理学的研究"以及他们想插进（哪怕是手指尖挨到也好）那个大作家的生活里去的一种无礼的甚至是冷眼旁观的欲望。

我在追叙我有着认识列夫·托尔斯泰的莫大光荣的那些幸福日子的时候，我故意完全不谈到索菲雅·安德烈耶夫娜的事情。我并不喜欢她。我看出来，她有着一种始终是强烈的而且也许还是带病态的猜忌的欲望，想把她在她丈夫的一生中所负担的大得无比的任务特别表现出来。我觉得她有点像那个在定期市场的马戏场里看守一只老狮子的人，他起先把狮子的气力大吹一通来吓唬观众，然后再向他们证明世界上就只有他，这个驯狮人，是狮子所爱的，而且狮子就只听他一个人的话。据我看来，这一类的表现是完全多余的，有时还是滑稽可笑的，而且拿索菲雅·托尔斯泰夫人来说，多少是一种自卑的举动。当时在托尔斯泰的周围没有一个人在才智和精力两方面能够跟他的妻子相比，所以她也不必这样地表现她自己了。今天我看见并且知道了契尔特科夫和别的跟他同类的人对她的态度之后，我觉得她对外人的猜忌，她只想一直坐在她丈夫面前的明显的愿望，以及她的另外一些古怪脾气，都可以用别人在托尔斯泰生前和他死后对待她的态度来解释、来辩护了。

我有机会在好几个月中间，观察了索菲雅·安德烈耶夫娜，当时他们住在克里米亚的加斯卜拉，托尔斯泰正病得厉害，政府在等待他的死讯的期间中已经从辛姆费罗波尔派了一个检查官来，另外还有一个官员驻在雅尔达，据说，预备来没收那个作家的手稿。托尔斯泰全家住在潘宁伯爵夫人的别庄里，这个宅子的四周都布满了侦探；他们一天就在花园里面徘徊，列奥波立德·苏列尔席次基常常赶他们出去，就像把一群猪赶出一个菜园那样。苏列尔席次基已经把托尔斯泰的一部分手稿秘密地拿走，藏在雅尔达了。

倘使我没有记错，那么托尔斯泰全家的人当时都在加斯卜拉：儿子，女儿，女婿，媳妇。我有一个印象：他们中间大多数人都是软弱多病的。我看得非常清楚索菲雅·托尔斯泰夫人在那磨人的"生活小节"的漩涡中怎样地辛苦挣扎：她专心照料病人休息，保护他的手稿，使她的儿女们尽可能地过得舒服，躲开那些"真心同情的"客人和那些职业的看热闹者的放肆的吵闹，使得每个人都有吃有喝。此外，她还得费神调解医生中间相互的妒忌，因为每个医生都相信治好病人的大功劳应当归他一个人。

我们可以毫不夸张地说，在这些艰苦的日子里（这是在不幸的时日里常常遇到的事），一股恶风把一堆垃圾吹了进屋里来：那是一些细小的冲突，一些琐碎的焦虑不安。列夫·托尔斯泰并不是像一般人所想的那样有钱：他是一个靠自己文稿的收入生活的文人，他有一大堆儿女，他们都长大了，可是什么事都不会干。在这种使人睁不开眼睛的日常生活的尘沙中间，索菲雅·安德烈耶夫娜一天从早累到晚，神经紧张地露着牙齿，审慎地皱起她那对聪明的眼睛，施展她的不倦的活动，她那在适当时候赶到各处的本领,以及她那使得每个人高兴、并且及时制止那班互相嫉恨的小人物的叫人厌烦的嗡嗡声音的才能,这一切都使她周围所有的人非常吃惊。

安德烈·托尔斯泰的害贫血病的妻子走起路来老是带一种害怕的神情:她在怀孕的时候跌了一跤,大家担心她会小产。达季雅娜①的丈夫呼吸困难,又气喘:他有心脏病。谢尔盖·托尔斯泰②是一个四十左右的人,谦虚,平凡,愁眉苦脸地到处找赌伴打胜牌,总是找不到。他从前也试过作一些乐曲,有一天他在我家里当着钢琴家戈尔登淮塞尔的面,弹了一首他根据丘特切夫的诗句"晚风,你对我们吼些什么?"写成的短歌。我记不起戈尔登淮塞尔的批评了,不过我还记得那个对音乐有相当的修养的亚·尼·阿列克辛③医生说,他在谢尔盖·托尔斯泰的作品里面看到了法国小曲的确定的影响。

我再来说一遍,我有一个奇怪的印象(这也许是没有什么根据的):托尔斯泰的那个大家庭里面所有的人都是身体不好,他们彼此都不满意,都很厌烦。我记得亚历山德拉在她父亲病愈的时候害着痢疾。大家全要索菲

---

① 达季雅娜:托尔斯泰的长女,她的丈夫米·谢·苏霍青是个已经有了六个孩子的鳏夫。
② 谢尔盖·托尔斯泰:托尔斯泰的长子。
③ 亚·尼·阿列克辛(1863—1923):雅尔达的医生。

雅·托尔斯泰夫人注意他们，照料他们。并且许多的事情对于那个准备安安静静跟人世分别的大艺术家都可能是很大的烦扰。

我还记得索菲雅·托尔斯泰夫人怎样小心地提防着，不让她的丈夫看见某一期的《新时代》，杂志上刊登着小列夫·托尔斯泰的一个短篇小说或者维·布列宁①写的关于这篇小说的批评文章。人们很容易弄错，因为小托尔斯泰发表他的几个短篇的那份报纸上，同时也刊载了那个恶毒的小品文作家布列宁的文章。布列宁粗鄙地拿他开玩笑，故意署名"季格尔·季格罗维奇·索斯金-姆拉坚采夫"②。而且甚至在文章的结尾写下那个一无所成的作者的通讯处：某某疯人院。

小列夫·托尔斯泰极力避免别人疑心他在摹仿他那个有名的父亲；他一定是因为这个心思才在雅辛斯基③的坏杂志《每月文章》上面发表一个"反托尔斯泰主义"的长篇小说，讲到苍铅的效用和砒素的毒害。这不是一个玩笑：这正是那部小说的目的。在这个杂志上，雅辛斯基还发表了一篇论《复活》的下流文章，里面居然谈到俄国书

---

① 维·布列宁（1841—1926）：俄罗斯反动文人，黑帮分子刊物的撰稿人。
② 小列夫·托尔斯泰的名字和父名是列夫·列沃维奇，列夫（狮子）的儿子列夫；季格尔·季格罗维奇就是季格尔（老虎）的儿子季格尔。
③ 伊·伊·雅辛斯基（1850—1931）：俄罗斯作家和记者，写过一些反动作品，一九〇〇年起创办了一些有反动倾向的刊物如《每月文章》等。

报检查官不许发表、而且只有在柏林版《复活》(比俄国版先发行)中印出来的几章文字。所以索菲雅·安德烈耶夫娜认为这篇文章有告密的作用,她有正当的理由。

其实我并没有多大的兴致讲上面这一切的事情,我这样做只是因为我相信我应当反复申说索菲雅·托尔斯泰夫人那种非常复杂的处境,以及为着应付它们所需要的才智和机警。列夫·托尔斯泰跟所有的著名人物一样,他生活在一条大路上,而每个过路的人都认为自己有正当权利,可以随便把这个不可思议的非常人物碰一下。无疑地索菲雅·托尔斯泰夫人能够不叫那许多自私自利的脏手挨到她丈夫的身体,她还能够推开那许多好奇的手指头,它们正打算无情地试探她所爱的这个叛逆者那些深的灵魂的伤口。

有人责备索菲雅·托尔斯泰夫人在一九○五—○六年的土地革命时期的行为,认为这是一个特别重大的错误。可是她在那个时候的做法不过学着许多别的俄国地主的榜样罢了,那班地主居然雇了些好战的土人来"保卫遭受野蛮人威胁的俄国农业文化"。索菲雅·托尔斯泰夫人好像已经雇了一些高加索山民来保护雅斯纳雅·波良纳了。

人们指出来,列夫·托尔斯泰是一个否定财产权利的人，那么他的妻子就不应该阻止农人收用他的领地。可是这个女人有责任照料列夫·托尔斯泰，使他得到休息和安静，他正住在雅斯纳雅·波良纳，在这儿他找到了他所习惯的、而且是他的精神的劳作所必需的安静的条件。在他准备永离人世的晚年的时日里，这种平静是他所不可缺少的。而他一直到五年以后才离开了雅斯纳雅·波良纳。①

有远见的人也许以为我这最后的一句话里面含得有暗讽的意思：列夫·托尔斯泰，革命者，无政府主义者，在革命爆发的时候就应当离开（或者最好是已经离开）他的领地。不用说，这儿完全没有这种性质的暗讽。我想说什么话，我就会公开地说出来。

照我的意思，列夫·尼古拉耶维奇·托尔斯泰根本就不应当出走，而且那些帮忙他出走的人，原本应当做得更聪明一点，阻止他出走才对。托尔斯泰的"出走"缩短了他的生命，这个一直到最后的一分钟都还是宝贵的生命：这是不可否认的事实。

有人写文章说托尔斯泰之所以离开他的家，是因为他那个精神上起变态的妻子使得他活不下去了。拿我来说，我也弄不十分明白当时在托尔斯泰身边有些什么人

---

① 指托尔斯泰一九一〇年十月二十七日夜间的"出走"。他死于同年十一月七日的早晨。

在精神上是完全正常的。而且我也不懂，那些正常的人既然认为他的妻子精神错乱，他们为什么又不想到应当给她以必需的照料，不能够把她隔离。

列奥波里德·苏列尔席次基是极其正直的人，彻头彻尾的无政府主义者，他对财产有一种天生的憎恨心，而且他并不喜欢索菲雅·安德烈耶夫娜·托尔斯泰夫人。然而他批评她在一九〇五—〇六年的行为时，说过这样的话：

"托尔斯泰家里的人不会高高兴兴地望着农人们把雅斯纳雅·波良纳的产业一点一点地搬走，砍掉托尔斯泰亲手栽的桦树林。我想连他自己也会为这树林懊悔的。这种寻常的、可能并没有表示出来的烦恼和懊悔，就引着、逼着索菲雅·安德烈耶夫娜采取了一种她知道会给她招来责骂的行动。她是一个聪明的女人，她不会不知道这个，而且也不会没有考虑到这个。可是大家都很烦恼，没有一个人敢出来保护自己：于是她来冒险了。有一天我要到雅斯纳雅·波良纳去，对她说：'我尊敬您！'然而我始终相信她是暗中被逼着采取那种行动的。况且，只要托尔斯泰本人平安，那一切都是无关紧要的了。"

我对人多多少少有一点了解，我以为苏列尔席次基的假定是对的。没有一个人敢说列夫·托尔斯泰宣布放弃财产的时候他不是真心的；然而我也相信他还是为他的树林懊悔。这是他亲手栽的,是他个人劳动的成绩。于是就发生了古老的本能跟理智间的冲突,就是在理智真诚地反对本能的时候,那种冲突仍然是有的。

我还要说,在我们现在这个时代里面,人们正在作一个广泛而大胆的试验,要把劳动工具和土地的私有制度完全废除;而同时我们却看见那个坏的、可恶的本能好像在讽刺我们似地在发展,站牢它自己的地位,使那些正直的人堕落,犯罪。

列夫·托尔斯泰是一个伟大的人物,而且他那光辉的肖像并不会因为下面这一个事实而失色:一般人有的短处他也并不是没有。不过这也并不使他降低到跟我们相等的地位。伟大的艺术家就是犯了罪过也比寻常的罪人大些,——在心理学上说,这是非常自然的事。在某一些场合,我们看见他就是这样的。

那么究竟出了什么事情呢?

就只有这么一回事:那个女人跟一个富于独创性、而又骚动不安到极点的大艺术家在一块儿生活了五十年的艰难的长岁月,在他整个的人生道路上她又是他的唯一的朋友和他的工作的勤劳的助手,她疲乏了,她疲乏得厉害,这情形是完全可以理解的。

同时她老了,又知道她那个伟大人物的丈夫不久于人世,她觉得自己又孤单,又无用,因此感到了愤愤不平。

据说索菲雅·托尔斯泰夫人看见自己占据了半个世纪的地位给外人剥夺了,非常气愤,她便不大尊重那些道德的栅栏了,那些栅栏,原是人们因为自己腐败堕落,才竖立起它们来保护自己防备他们的同类的。

结果,这种愤怒带了近乎疯狂的性质在她身上表现出来。

最后所有的人都忘了她,让她寂寞地死去,人们只有在高兴毁谤她的时候才记起她来。

这些就是我要说的话了。

《红色文献》第四卷内有一篇很有趣的文章《列夫·托尔斯泰的最后的日子》。这篇文章里还引用了宪兵队(政治警察)长官里沃夫将军的报告:

"安德烈·托尔斯泰跟宪兵上尉萨维次基谈话,说,托尔斯泰跟他的家属,特别是跟他的妻子隔开,实际是契尔特科夫对医生和托尔斯泰的女儿亚历山德拉施压力的结果。"

后面又说:

"根据我们听来的一些不连贯的话,可以断定有人故意不让托尔斯泰的家属接近病人,所依据的理由跟病人的健康情况并无直接关系。"

安东·契诃夫 [1]

有一天他请我到库楚克-柯依[2]那个小村子去看他,他在那儿有一小块地和一所两层的白色小楼房。他带我去参观他的"领地"的时候,他热心地对我说:

"倘使我有很多的钱,我要在这儿给那些生病的乡村小学教员设立一所疗养院。您知道,我要造一所敞亮的房屋,要十分敞亮,有大的窗子和高高的天花板。我要办一个出色的图书馆,还要购买各种乐器,弄一个养蜂场,一个菜园,一个果园。还可以在那儿举行关于农学、气象学等等的讲演;一个乡村小学教员应该什么都知道,

---

[1] 本文前半篇是在一九〇四年写成的,最初发表在一九〇五年出版的《尼日尼-诺弗戈罗德丛刊》上。作者在一九一四年又续写了后半篇,从"我一连发了五天的热……"这一节(第一四四页)起,都是后来写的。这一部分,发表在一九二三年七月—八月号的《交谈》上面。

[2] 库楚克-柯依:在克里米亚南部海岸上。契诃夫在一八九八年年终买到了库楚克-柯依村那所白色小楼房。雅尔达的别墅当时还没有动工修建。

老朋友,什么都知道!"

他忽然住了口,咳起嗽来,从侧面看了我一眼,露出了他的温和的、动人的微笑,这笑容有一种叫人无法抗拒的魅力,并且使人对他所说的话加以特别的注意。

"我的幻想会使您觉得讨厌吧?可是我爱讲这种话。要是您知道俄罗斯乡下多么需要聪明而有学问的小学教员就好!在我们俄罗斯,应该让小学教员享受到特殊的待遇,而且要是我们明白俄罗斯如果没有普遍的平民教育,它就会像一所用没有烧好的砖造成的房屋那样倒塌,那么更应该尽可能地赶快提高小学教员的待遇!小学教员应当是一个热爱自己职业的演员、艺术家,可是在我们这儿,他却是一个粗工,一个没有学问的人,他怀着仿佛充军似的一种心情去教育乡村的小孩子。他挨饿,受人轻视,担心会丢掉职业。然而刚刚相反,他应当是村子里的第一等人物,能够回答农民的一切问题,农民承认他是一个值得注意、值得尊敬的力量,没有人敢教训他,……侮辱他,像我们这儿大家所做的那样:地方警察,有钱的店老板,教士,县警察局长,学校校董,乡长,以及那种虽然挂着视学的头衔却不去管学校组织是否改善,只是专门注意当局的通令是否认真奉行的官吏,他们都是那样做的。一个被请来教育人民——您明白吗?——教育人民的人只拿了一点儿少得可怜的钱,这太荒谬了！我们不能让这种人穿着破衣服在街上走路，在屋顶破烂而且潮湿的学校里冷得打颤，给炉子熏得中炭气毒，感冒，过了三十岁就得了喉头炎，风湿病和肺结核。……这是我们的耻辱！我们的小学教员一年里面有八九个月过着像隐士一样的生活，找不到一个可以谈话的人，没有书，也没有娱乐，他就在孤寂中一天一天地变蠢了。要是他把同事们请到他家里去玩，别人又会把他当作'可疑人物'——这个荒谬的字眼是狡猾的人用来吓唬傻瓜的！……这一切都叫人讨厌……他们好像居心要玩弄那个担任着非常重要的伟大工作的人似的。您知道，我碰到一个小学教员的时候，在他的面前，看见他那胆怯的样子和他那一身破旧的衣服，我就感着惭愧不安。我觉得对小学教员的贫苦我多少也有一点点责任……的确是这样！"

他闭上了嘴，思索了一会儿，然后挥了挥手，慢慢地讲下去：

"我们俄罗斯是个多荒谬，多笨的国家啊！"

深的悲哀的阴影罩上了他那双好看的眼睛，很多细的皱纹围绕着他的眼睛，使他的眼光显得更深远了。他向四周看了看，便自己开玩笑地说：

"您瞧，我拿了整篇自由主义报纸上的进步文章来款待您了。来吧，我要请您喝茶去，为了酬劳您的耐心……"

他常常是这样的：他热烈地、认真地、诚恳地说着，可是忽然间他又笑起来了，他笑他自己和他自己讲的那些话。在他这种温和而悒郁的笑容里面，我们看出了一个知道语言的价值和梦想的价值的人的敏感的怀疑。在他这笑容里面还含得有可爱的谦虚和细心的殷勤。……

我们默默地缓步走回家去。这是一个晴朗而炎热的日子；波浪正在跟太阳的灿烂金光游戏，发出了声音；山脚下一只高兴的狗叫得非常愉快。契诃夫抓住我的胳膊，一面咳嗽，一面慢吞吞地说：

"说起来很可羞，很悲惨，然而却是真的：有好些人在羡慕着狗呢。……"

他接着又带笑地添上两句：

"我今天就只说些颓丧的话。……这说明我老了！"

我常常听见他说：

"您知道，有一个小学教员到这儿来了……他结了婚，又生病。您能不能给他帮点忙？目前我已经把他安顿好了……"

或者：

"听我说，高尔基，这儿有一个小学教员想认识您。他不能够出门：他病了。也许您能够去看他吧，好吗？"

又或者：

"有些女的小学教员要求送点书给她们……"

我偶尔在他那儿遇到他的"小学教员",照例,那位小学教员坐在椅子的边上,因为自己的举止笨拙红着脸,有时候为了找话来说急得额上直淌汗,而且他一心一意想把话说得流畅,"文雅";或者,他带着一般病态地怕羞的人故意装出来的那种放肆,竭力不要在作家面前显得愚蠢,他向安东·巴夫洛维奇发出一大堆的问题,那些问题以前恐怕就没有到他的脑子里来过。

安东·巴夫洛维奇注意地听着这些临时杂凑的话,他那对忧郁的眼睛里不时地闪出了微笑,他两边太阳角的小皱纹微微地颤动,他用他那深沉、温和、不太清晰的声音,并且用了一些简单、明了而又是日常生活中习用的话说明他的见解——这些话马上使那个跟他谈话的人变得简单朴实了,那个人不再勉强装出聪明的样子,却反而显得聪明、有趣多了。……

在那些小学教员中间我记得一个瘦长的人,他有一张黄色的饿瘦了的脸,一根长的钩鼻子悒郁地垂在下巴上面;他坐在安东·巴夫洛维奇的对面,那双黑眼睛呆呆地望着安东·巴夫洛维奇,他用了忧郁的低声说:

"在一段儿童教育期中的得来的这种日常生活的印象积起了一个心灵的聚块,它完全毁灭了客观地认识周围世界的一切可能性。显然,世界不过是我们自己对于它的概念……"

他一下就跳进哲学的领域里面去了，他走的是一个醉汉在冰块上走的那种步子。

"请告诉我，"契诃夫温和地小声打断了他的话，"在您那个县里谁打小孩？"

小学教员从椅子上跳起来，愤怒地挥动他的胳膊：

"您说什么！我吗？绝不！打人？"

他受了委屈地从鼻子里发出响声。

"您不要生气，"安东·巴夫洛维奇带笑地安慰他说。"难道我是在讲您吗？可是我记得在报上读到过在您那一县里面有人打过小孩……"

小学教员又坐了下来，揩了他脸上的汗，放心地叹了一口气，用一种深沉的低声说：

"这是真的。有过这么一回事。这是玛卡罗夫。您知道，这不是什么惊人的事！这是野蛮的举动，然而也是可以解释的。他结了婚，有四个孩子，妻子生病，他自己也有病，肺病，薪水只有二十个卢布……学校像一个地窖，教师只有一间屋子。在这种情形下面，谁也会打一个没有做错事的天使；况且，请您相信我，那些学生跟天使差得实在太远！"

这个人起先正要拿一大堆聪明话无情地压到契诃夫的头上去，可是现在他突然凶恶地摇着他的钩鼻子，用石头一般沉重的简单明了的句子讲起话来，而且很清楚地说明了俄罗斯乡村生活的可怕而可诅咒的真相。……

小学教员告辞的时候,他把契诃夫一只指头细细的瘦小的手捏在自己的两只手里用力地摇着说:

"我到您这儿来的时候,就像到上司那儿一样,又胆小,又打颤。我装出自尊自大的样子,我想让您看到我不是一个笨蛋……现在我离开您回去的时候,我好像离开一个什么都懂得的又好又亲切的朋友。什么都懂得,这是多么了不起的事!谢谢您!我走了。我带回去一个又好的又愉快的思想:伟大的人比那些跟我们一块儿生活的无能的人更单纯,更能了解人,他们的心灵同我们更接近。别了!我永远忘不了您。"

他的鼻子颤动着,善意的微笑使他的嘴唇皱起来,接着他加上了这句意外的话:

"老实说,下流人也是不幸的,让魔鬼抓他们去吧!"

他走的时候,安东·巴夫洛维奇用眼光送他出去,一面带笑地说:

"这是个好孩子。他不会教多久的。……"

"为什么呢?"

"他们要陷害他……赶走他……"

他想了一会儿又用温和的低声说:

"在俄罗斯,一个忠厚老实的人倒有点像看妈用来吓唬小孩的扫烟囱的人。"

我有一个印象：每个人在安东·巴夫洛维奇的面前都会不由自主地起一种愿意变得更单纯、更真实、更是自己的欲望，我不止一次地在那儿看到人们怎样地抛掉那些书本上的辞句和时髦的用语做成的五颜六色的衣服，以及所有其他的廉价的货色，这些东西原是俄罗斯人想装扮欧洲人①时用来装饰自己的，就跟野蛮人用贝壳和鱼齿来装饰他们自己一样。安东·巴夫洛维奇不喜欢鱼齿，也不喜欢公鸡毛；凡是人用来装饰自己让自己显得"更重要"的一切花花绿绿的、大吹大擂的、外来的多余东西都使他感到不舒服，我并且注意到他每一次看见人这样漂亮地打扮起来的时候，他就很想把那个人从这种重而无用的漂亮衣服中解放出来，这种衣服反而损害了那个跟他谈话的人的本来面目同活的灵魂。契诃夫一生都是依靠着他的灵魂生活的；他永远是他自己，他在内心上是自由的，他从来没有想过一部分的人所期待于安东·契诃夫的和另一部分的人（比较粗野的人）所要求于安东·契诃夫的究竟是什么。他不喜欢那些关于"高雅的"题目的讨论——这一类的谈话却是我们一般善良的俄罗斯人非常爱好的，他们忘记了：目前连一条像样的裤子也没有，却只顾争论将来穿天鹅绒衣服的问题，

① 这里的"欧洲人"指西欧人。

是不适当的，甚至是可笑的举动。

他单纯到了美的境地，他喜欢一切单纯、真实、诚恳的人和事物，他有他自己的使别人变得单纯的方法。

有一天三个打扮得很华丽的太太来看他。她们把整个屋子都装满了她们绸裙子的沙沙声和浓郁的香水气味以后，便很有礼貌地在主人的对面坐了下来，装出对政治很关心的样子开始"提出问题"。

"安东·巴夫洛维奇！您以为战争将来怎样结束呢？"

安东·巴夫洛维奇咳了两声嗽，想了一会儿，随后温和地用了认真的、亲切的声调答道：

"大概是和平……"

"当然啊！可是哪一方面胜利呢？希腊人还是土耳其人？"

"我以为是强的一方面胜利……"

"那么照您看来，哪一方面是强的呢？"三位太太齐声问道。

"就是营养好教育高的一方面……"

"啊！多聪明！"一位女客大声赞美道。

"您比较喜欢哪一方面啊，希腊人还是土耳其人？"另一位太太问道。

安东·巴夫洛维奇和蔼地看了她一眼，然后带着一种亲切的、温和的微笑回答她道：

"我喜欢蜜饯……您呢……您喜欢它吗？"

"很喜欢！"太太兴致勃勃地嚷道。

"它多么香啊！"另一位太太认真地说。

于是这三位太太活泼地谈起来，并且显出她们对于这个蜜饯的问题有着非常广博的学问和精细的知识。她们显然很高兴：现在用不着再费脑筋装出对于她们从未想过的希腊人和土耳其人的事情真正关心了。

她们离开的时候，快乐地答应安东·巴夫洛维奇：

"我们要送蜜饯给您。"

她们走了以后，我对他说：

"您谈得多漂亮！"

安东·巴夫洛维奇微微一笑，他说：

"每个人都应该讲他自己的话……"

另外一次，我在他那儿看见一个年轻而漂亮的检察官。他站在契诃夫面前摇着他那鬈发的头起劲地说：

"安东·巴夫洛维奇，在您的短篇小说《凶手》里面，您在我的面前提出了一个极复杂的问题。要是我承认杰尼斯·格利戈利耶夫有意做坏事的话，那么我就得无条件地把他关进牢里去，社会的利益要求我这样做。然而他是一个未受教育的人，他并没有意识到他的行为是犯罪的，他使我生了怜悯心！然而，要是我认定他是一个对自己的行为缺乏理解的人、而且我顺从了我那怜悯的感情，那么，我怎么能够向社会保证杰尼斯不会再拔掉铁轨上的钉子使火车出轨呢？问题就在这儿！那么怎么办呢？"

他不作声了，却把他的上半身向后一仰，用一种问询的眼光望着安东·巴夫洛维奇。他穿了一件崭新的制服，制服前胸的一排纽扣跟这位年轻的正义拥护者干净的小脸上一对眼睛一样自负地、迟钝地发着光。

"倘使我是一个法官，"安东·巴夫洛维奇认真地说，"我要释放杰尼斯……"

"根据什么理由呢？"

"我要对他说：'杰尼斯，你啊，你还不够成熟去做一个自觉的罪犯，去，去成熟吧！'"

法学家笑了起来，可是立刻又恢复了他那庄严正经的表情，他又说：

"不，可敬的安东·巴夫洛维奇，您所提出的问题只能够从社会的利益这个观点去解决，我是有责任来保护社会的生命和财产的。杰尼斯固然是一个野蛮人，不过他又是一个罪犯。这就是实情！"

"您喜欢留声机吗？"契诃夫突然和蔼地问道。

"啊！是的！非常喜欢！这是多么了不起的发明啊！"年轻人快活地回答说。

"可是我却讨厌留声机！"安东·巴夫洛维奇忧郁地承认道。

"为什么呢?"

"因为它只是说啊唱啊,自己一点儿也不觉得。从它那儿出来的一切都带着漫画的样子,死的样子……至于照相呢,您玩照相吗?"

这位法学家原来是个照相迷;他马上热心地谈起照相术来,他虽然说过"了不起的发明"的话,可是他对留声机完全没有兴趣,契诃夫倒正确地、精细地看到了这一层。于是我又看见一个活泼而且相当有趣的小小的老好人从制服里面钻了出来,这个人对人生的看法就像一只年轻的猎狗一样。

安东·巴夫洛维奇把这个年轻人送走以后,便带着忧戚的神情说:

"就是这种生在……法官位子上的脓疱在支配着人们的命运呢。"

他沉默了一会儿,随后又说:

"检察官们非常喜欢钓鱼。尤其是鲈鱼!"

他有一种随地发现和暴露"庸俗"的技巧——这种技巧是只有那些对人生有很高的要求的人才能够有的,而且只能够由那种想看见人成为单纯、美丽、和谐的热烈的愿望产生。对于"庸俗"他永远是一个严厉、无情的裁判官。

有人当面告诉他,一个平常老是宣传爱邻人和怜悯心的某通俗杂志发行人毫无理由地侮辱了一个铁路上的乘务员，这个人平时对待部下也十分粗暴。

"这是自然的事，"安东·巴夫洛维奇带着阴郁的微笑说。"他是一个贵族，一个受过教育的人……他进过神学校！他的父亲从前穿树皮鞋，他现在却穿漆皮鞋……"

他讲话的腔调立刻就使"贵族"变得毫无意义而且可笑了。

有一次谈到某一个记者，他这样说：

"这是一个很有才能的人！他总是写得那么高尚，那么人道……那么甜。可是他在人面前把他的妻子当傻瓜看待。在他家里老妈子住的屋子却是那么潮湿，所以老妈子经常害风湿病……"

有人问他：

"您喜欢某人吗，安东·巴夫洛维奇？"

"是……很喜欢。很好的人，"契诃夫一边咳嗽一边同意说。"他什么都知道。他书念得多。他借了我三本书，始终不还来。他常常心不在焉。今天他会对你说你是一个出色的人，明天他会告诉别人你偷了你姘头的丈夫的袜子，有蓝色小条纹的黑丝袜……"

有人在他面前抱怨那些厚杂志的"正经文章"栏实在沉闷，而且使人感到厌倦。

"可是您不应当去读那些文章，"安东·巴夫洛维奇用了确信的声调劝告他。"那是朋友文学……同人文学。是红，黑，白诸位先生的创作。第一位写一篇文章，第二位反驳他，第三位出来调和前两位的冲突：他们好像三个人在打'温特'①。可是这一切对读者有什么好处，他们全不关心。"

有一天一位长得很丰满、穿得很漂亮的美丽、健康的太太来看他，一坐下便"契诃夫式"地谈起来：

"人生多么无聊，安东·巴夫洛维奇！一切都是灰色的：人啦，天啦，海啦，连花也是一样，在我看起来都是灰色的。没有欲望……我的灵魂里充满了痛苦。……这好像是一种病……"

"的确，这是一种病！"安东·巴夫洛维奇带着深信地说。"它还有一个拉丁名字：morbus pritvorialis②。"

幸而这位太太不懂拉丁文，或者她是假装不懂也未可知。

"批评家好像是打扰马耕田的马虻，"契诃夫露出他那聪明的微笑说。"马做工的时候，它全身的筋都像大提琴上面的弦一样紧张起来，可是一只马虻飞来停在它的

---

① 温特：参看第三九页注。这是四个人玩的牌戏，还有一个空位，由三人中任何一个代理。
② "假病"、"装病"的意思。拉丁文 morbus 就是"病"。

屁股上,使它发痒,拿嗡嗡声去吵它。这匹可怜的马便不得不皱起它的皮,摇动它的尾巴。马虻究竟在嗡嗡些什么呢?不用说,连它自己也不知道。这只是因为它永远安定不下来,而且它想使别人注意到它:'你们看,我也活着,对于任何事情我都可以嗡嗡几声啊!'二十五年来我读了不少别人对我的小说下的种种批评,可是我记不起任何一个有价值的提示,我也没有听到一句好的劝告。只有一次斯卡比切夫斯基的批评①——给我留下一个印象:他说我会醉死在墙脚……"

在他那忧郁的灰色眼睛里面差不多老是闪露着一种精细的讽刺,不过有时他的眼光又变成冷漠、锐利、严厉的;在这种时候他那柔和、亲切的声音里却带了一种刚强坚定的调子;这使我觉得这个谦虚温和的人在他认为是必要的时候,也可以站出来坚决而勇敢地跟一种敌对势力对抗,并且绝不屈服。

有时候我觉得在他对人的态度里面隐隐地含得有一种跟那冷静的绝望相近的沮丧。

"俄罗斯人是多奇怪的东西!"他有一天对我说。"他跟一个筛子一样,什么东西都留不住。年轻的时候,他贪馋得不得了,只要是他碰到的东西,他都抓来填塞他

---

① 指亚・米・斯卡比切夫斯基(1838—1910)一八八六年批评《五颜六色的故事》的文章。斯卡比切夫斯基是个有自由主义和民粹派倾向的文学评论家。

的心灵；过了三十岁以后，这一切都光了，就只剩下一种淡灰色的杂拌儿。人要活得正派，活得像一个人，就得工作。带着爱和信仰去工作。可是在我们这儿人们却不知道这样做。譬如一个建筑师，他修造了一两所像样的房屋以后，便坐下去打牌了，他会打一辈子的牌，不然他就会跑到戏园的后台去鬼混。又如一个医生，要是他有了主顾，他就不再研究科学了，他除了《治疗新报》以外什么书报都不看，等着他一到四十岁，他就认真地相信所有的病都是由感冒来的。我从没有见到一个官，他知道一点点他自己工作的意义的；他们通常都是坐在首都或者省城里面起草公文，送给兹米耶夫或者司莫尔贡去执行，至于那班会被这些公文夺去他们的行动自由的人，那位起草公文的官却很少想到，就像无神论者不会想到地狱的苦刑那样。又如一个律师，在他由于一次胜诉成名之后，就不再去维护真理；他只知道去维护财产权、看赛马、买马票、吃牡蛎，装出他对一切艺术都是内行的神气。又如一个演员，要是他扮演两三个脚色演得还不坏，那么以后他就不再用心研究他的脚色；却戴上一顶高帽子，自以为是一个天才了。整个俄罗斯就是一个又贪又懒的人的国家。人们拚命地大吃大喝，喜欢白天睡觉，闭上眼睛就打鼾。他们结婚是为了需要人料理家务，他们找情妇，是为了想在上流社会中得到方便。他们有着狗的心理：挨了打就轻轻地叫几声躲到自己的窝里去；得到爱抚就仰面地躺在地上，四脚朝天，摇着尾巴……"

这些话里面有一种冷漠而忧郁的轻蔑。可是他一面轻视，一面也怜悯；安东·巴夫洛维奇要是听见谁在他面前讲别人的坏话，他马上就要替那个人辩护道：

"您为什么要说这样的话呢？他是一个老年人。他现在七十岁了。……"

或者说：

"可是他还年轻呢，这只是由于他糊涂……"

他这样说的时候，我在他的脸上看不到厌恶的表情……

一个人年轻的时候，对他来说，"庸俗"不过是一种有趣的或者无关重要的东西；可是它逐渐把人包围住，它那灰色的雾像毒药或者炭气一样地浸入了他的脑子和血液，这样一来他就变得像一块起了锈的旧招牌：那上面一定写得明白是什么行业店铺，然而究竟是什么呢，却已经认不出来了。

安东·契诃夫在他的初期的短篇小说中，就已经能够在那灰色的"庸俗"的海洋里面看出来它那些悲惨阴暗的玩笑；我们只要细心地读一下他那些"幽默的"小说，便可以明白这位作者怎样悲哀地发见了那么多的可憎可恨的残酷的东西,但是马上又不好意思地用一些滑稽的词句和情景把它们遮盖起来了。

他是很谦虚的,他的谦虚差不多到了贞节的地步,他不肯高声地、公开地对人们说:"啊你们应当……更正派点!"他白白地期待他们自己明白多么应当变得更正派些。他憎恨一切庸俗、肮脏的东西,他用一种诗人的崇高的语言和幽默家的温和的微笑来描写了人生的丑恶,很少有人在他那些短篇小说的美丽的外表下面,看出那个严厉责斥的含意来。

一般可敬的公众读着他的《阿尔比昂的女儿》的时候会发笑,他们很少注意到在这篇小说里面一位调养得很好的绅士极其可恶地戏弄一个对一切人和一切事物都很生疏的单身女人。在安东·巴夫洛维奇的每一篇幽默小说里面,我都听见一颗真正仁爱的心的轻轻长叹——这一声寂寞痛苦的叹息是为着怜悯人们而发的,就是怜悯那样的人:他们不知道尊重自己的人格,毫不抵抗地服从暴力,过着奴隶一般的生活,并且除了相信每天必须喝油多的白菜汤以外就什么都不相信,除了害怕挨到更强、更无礼的人的鞭打以外就没有任何的感觉。

没有人像安东·契诃夫那样透彻地、敏锐地了解生活的琐碎卑微方面的悲剧性,在他以前就没有一个人能够把人们生活的那幅可耻、可厌的图画,照它在小市民日常生活的毫无生气的混乱中间现出来的那个样子,极其真实地描绘给他们看。

"庸俗"是他的仇敌;他一生都在跟它斗争;他嘲笑了它,他用了一管锋利而冷静的笔描写了它,他能够随处发见"庸俗"的霉臭,就是在那些第一眼看来好像很好、很舒服并且甚至光辉灿烂的地方,他也能够找出那种霉臭来。……然而"庸俗"也用一个卑劣的恶作剧对他报了仇:就是把他的遗体——一个诗人的遗体——放在一辆运"牡蛎"的货车里面。

这辆货车的肮脏的绿色斑点,在我看来,好像是"庸俗"对它那个疲乏的敌人发出的胜利的狞笑,而那些在街上叫卖的报纸上发表的无数《回忆》文章都不过是一些虚伪的悲伤,在悲伤的后面我感觉到那个"庸俗"的又冷又臭的气息,它正在暗暗地高兴着它的仇人的死亡。

我们读安东·契诃夫的小说的时候会有这样一个印象:仿佛在一个悒郁的晚秋的日子里,空气十分明净,光秃的树木、窄小的房屋和带灰色的人都显得轮廓分明。一切都是奇怪地孤寂的、静止的、无力的。空漠的青色的远方是荒凉的,并且跟苍白的天空溶合在一块儿,朝那盖着一片冻泥的大地吹来一股彻骨的寒气。作者的心灵跟秋天的太阳一样,用一种残酷无情的光明照亮了那些踏坏了的路、曲折的街、狭小龌龊的房屋，在那里面一些渺小可怜的人给倦怠和懒惰闷得透不过气来，他们的房间里充满了使人打瞌睡的胡乱的骚动声音。在这儿，像一只灰色小老鼠似地焦急地踱着那个"宝贝儿"①，一个又温和又可爱的女人，她能够那么深而又那么卑屈地爱着人。这个温顺的奴隶，要是有人打她的脸颊，她连哼都不敢哼一声。忧郁地站在她旁边的是《三姊妹》②中的奥尔加：她也能够爱得深，她毫不抱怨地顺从着她那个不中用的哥哥的庸俗卑鄙的妻子的古怪脾气；她看见她两个妹妹的一生在她的眼前毁掉，她只有哭，她对谁也不能够帮忙；在她的心里就没有一句有力的活的抗议的话来对付"庸俗"。

还有那个爱流泪的拉涅夫斯卡雅和其它的"樱桃园"③过去的主人——他们像小孩那样地自私，像老年人那样地衰老。他们到了应该死的时候而没有死，他们悲叹着，对他们四周的一切完全看不见，完全不了解；他们是一群不能再适应生活的寄生者。那个毫无用处的大学生特罗菲莫夫滔滔不绝地谈论着劳动的必要，同时却过着寄生的生活，他为了排遣寂寞便不留情地挖苦那个

---

① "宝贝儿"：契诃夫短篇小说《宝贝儿》中的女主人公阿林卡，"宝贝儿"是她的外号。
② 《三姊妹》：契诃夫的四幕正剧。奥尔加是三个姊妹中的大姐。
③ 《樱桃园》：契诃夫的最后一个剧本。

拚命工作来使那班不做事的人过得舒服的瓦利雅。

韦尔希宁想象着三百年后生活会是十分地美丽,却不想到他四周的一切全在崩坏,而且就在他的眼前,索列雷因为厌倦和愚蠢正准备杀死那个可怜的屠旬巴赫男爵。①

一长串一大队的男男女女走过我们的面前,有的是自己的恋爱的奴隶,有的是自己的愚昧的奴隶,有的是自己的懒惰的奴隶,有的是自己对于财富的贪心的奴隶;他们对生活有一种阴暗的恐惧,他们带着一种动摇不定的惶恐心情,他们觉得"现时"里没有他们的位子,所以拿一些关于"未来"的不连贯的谈话来充实他们的生活……

在这灰色的人群中间有时候会响起一下枪声:那是伊凡诺夫②或者特列普列夫③,他们后来明白了他们应当做些什么事,他们便自杀了。

他们里面有不少的人高兴地梦想着两百年以后生活的美丽,却没有一个人想到这一个简单的问题:要是我们只限于梦想,那么谁来使生活成为美丽的呢?

在这一群软弱无力的人的厌倦的灰色行列前面,走过一个伟大、聪明、对一切都很注意的人;他观察了他

---

① 他们都是《三姊妹》中的人物。韦尔希宁是陆军中校,索列雷是二级上尉,屠旬巴赫是中尉。最后索列雷在决斗中杀死了屠旬巴赫。
② 伊凡诺夫:契诃夫的四幕正剧《伊凡诺夫》中的男主角,最后用手枪自杀。
③ 特列普列夫:契诃夫的四幕喜剧《海鸥》中的男主角,最后用手枪自杀。

祖国的寂寞的居民，他露出悲哀的微笑，带着温和的但又是深重的责备的调子，脸上和心里都充满了一种绝望的苦恼，用了一种好听的、恳切的声音说：

"诸位先生，你们过的是丑恶的生活！"

我一连发了五天的热，可是我一点儿也不想睡。芬兰的淡灰色的雨在地上洒了一层潮湿的尘土。英诺炮台上响着大炮的声音，人们在"试炮"。夜里探照灯的长舌头舐着去，这是令人厌恶的景象，因为它使我们不能忘记魔鬼的把戏——战争。

我读着契诃夫的小说。要是他没有在十年前去世的话，战争①也会把他杀死的，它会先拿对于人的憎恨来毒他。我记起了他的葬礼。

这个被莫斯科"深爱着的"作家的灵柩是放在一辆绿色货车里运来的，车门上用大字写着"牡蛎"。到车站上来恭迎作家灵柩的小小的一群人中间有一部分竟然跟着从满洲运回来的克勒尔将军的棺材走了，他们很奇怪契诃夫的送葬行列中怎么会有一个军乐队。后来大家发觉了错误，几个兴致好的人就吃吃地傻笑起来。

伴送契诃夫的灵柩的人至多不过一百的光景。我特

---

① 指一九一四年爆发的第一次世界大战，契诃夫在一九〇四年去世，他死在德国的巴登维勒尔。

别记得两个律师；两个人都穿着崭新的皮鞋，结着颜色鲜艳的领带，好像新郎一样。我走在他们的后面，听见那个叫做符·阿·马克拉科夫的律师谈到狗的智慧；我不知道另一个律师的姓名，他在夸耀他的乡下别墅是多么舒适，四周的风景又是多么美丽。一个穿紫红色衣服的太太，打着一把带花边的阳伞，正在努力说服一个戴角制镜框的眼镜的老年人：

"啊哟！他是多么和气，多么聪明啊！"

老年人带着一种不相信的神情咳着嗽。天气很热，尘土又多。一个肥胖的巡官骑着一匹又白又肥的马威武地走在送葬行列的前头。这一切和以后的其他一些事情都是极其庸俗的，并且跟一个伟大而精细的艺术家的纪念很不相称。

在写给年老的阿·谢·苏沃陵[①]的一封信里，契诃夫说：

"再没有比这种平凡的生存竞争更无聊，也可以说是更少诗意的——它破坏了生活的欢乐，把人引到冷漠无情上面去。"[②]

[①] 阿·谢·苏沃陵（1834—1912）：新闻记者，反动报刊《新时代》的出版人。契诃夫后来就跟他疏远了。
[②] 指契诃夫在一八九四年七月十一日给苏沃陵的信，一九一四年在《海湾》杂志上发表。

这些话表示出来一种纯粹俄罗斯人的心境,然而据我看来,这却不是安东·巴夫洛维奇的心境。在俄罗斯,大多数的人都是这样想的(在俄罗斯什么东西都丰富,然而就缺少对劳动的爱心)。俄罗斯人赞美精力,可是他们不大相信它。像杰克·伦敦①那样的一个有行动的心境的作家在俄罗斯是不可能有的。固然我们俄罗斯人高兴读伦敦的著作,可是我并不曾看到它们鼓舞俄罗斯人的意志变为行动;它们不过激发了他的想象。② 在这个意义上说契诃夫便不是纯粹俄罗斯的了。拿他来说,从他很年轻的时候起,"生存竞争"就开始了,这个斗争采取了一种"为着每日面包的琐细焦虑"的阴郁的形式,其实这不止是为着他一个人——他需要的是大块的面包。③ 这些没有欢乐的焦虑消耗了他的青春的全部力量,可是他居然能够保住他的幽默,倒是一件可惊奇的事情。在他看来生活好像只是一种想得到饱足和休息的无聊的渴望;他以为人生伟大的戏剧和悲剧都是隐藏在日常生活的厚层下面。只有等到他免去了关心他身边的人是否得到饱足的焦虑以后,他才能够用锐利的眼光看到这些戏剧的本质。

---

① 杰克·伦敦(1876—1916):美国进步作家。
② 这是高尔基的愤激之言。他在后来的文章例如《学习苏联工人阶级的榜样》里就改正了这种说法。
③ 契诃夫的父亲是一个解放了的农奴。他的家境很苦。

我从没有见过谁像安东·巴夫洛维奇那样深切地、完全地感觉到劳动的重要,认为它是文化的基础。他这种感觉可以从他的家庭生活的一切细节,他选择物品的态度,以及他对于物件的高尚的爱心中看出来,他的这种爱心里面绝对不含有搜集的欲望,它却只是把那些物件当作人类精神的创造品来不绝地赞美。他喜欢修造花园,种植花木,装饰土地;他感到了劳动的诗意。他怀着多么感动人的关切在园子里各处察看他自己栽的果树和点缀园景的灌木长得怎样了!他修建阿乌特卡的那所房屋①的时候,他说:

"要是每个人都在自己的那块小小的地上做了他所能够做的事情,那么我们的土地会是多么地美啊!"

那时我正在写一个关于瓦希卡·布斯拉耶夫的剧本②,我便把瓦希里的自负的独白念给他听:

啊啊!要是我的气力再大一点就好!
我吐一口热气就会把雪溶化,
我要绕行大地,把它全部耕种!
我要走它一世纪,我要建造城市,

---

① 指雅尔达的别墅,现在是契诃夫纪念馆。
② 高尔基大概在一九〇一至一九〇二年想起写这个戏,但是并没有写成它。瓦希卡是瓦希里的爱称。

我要修教堂,到处开辟花园!
我要把大地打扮得像一个年轻的姑娘,
我要像抱一个新娘那样地搂紧它,
我要把大地抱起来抱到我的胸上,
我要把它抱起来,送到主那儿去:
"主啊,看一下大地变成什么样子了,
瓦希卡把它打扮得多美啊!
您当它是一块石头扔在一边,
我现在把它变成了贵重的绿玉!
主啊,请看,请您高兴吧,您看
它在太阳光里发着碧绿的光!
主啊,我把它作为小小的礼物献给您,
不过我的损失太大了,因为我十分爱它!"……

契诃夫喜欢这一段独白。他感动地咳着嗽,一面对我和亚·尼·阿列克新医生说:

"这很好……这很真实,很通达人情!'一切哲学的意义'正是在这儿:人把大地弄成可以居住的地方,他还要把它弄成住得舒服的地方。"

他坚决地把头向上一扬,再说一句:

"会弄到这样的!"

他要求我把瓦希里的自夸的独白再念一遍给他听,

他一边望窗外,一边听着,并且给了我一个劝告:

"最后的两行用不着,这是胡闹。多余的……"

关于他的文学的工作,他谈得很少,而且很勉强;我倒想用"贞节地"这个字眼,或者还可以说像他谈到列夫·托尔斯泰的时候那样的谨慎。只有偶尔碰到他高兴的时候,他会带笑地给我们说明他某一篇小说的主题——他拣的总是幽默故事。

"您知道,我要写一篇关于一个小学女教员的小说,她是一个无神论者,崇拜达尔文①,她认为应当跟人民的偏见和迷信作斗争。可是半夜十二点钟她却跑到洗澡间去煮一只黑猫来取它的'锁骨'——这根骨头可以吸引男人的注意,引起男人的爱情。是的,就是这样的一根小骨头……"

他谈到他的剧本的时候,他总是把它们当作"开心的"东西看待,而且我相信他真正以为他是在写"开心的戏"。沙瓦·莫罗左夫②大概听见了他的这一类的话,所以坚持说:

---

① 查·达尔文(1809—1882):英国科学家,进化论学说的创立者。
② 沙·季·莫罗左夫(1862—1905):莫斯科艺术剧院的一个有力的赞助人。他是一个豪富的商人,同情革命运动,捐过大批款子。一九〇五年革命运动失败后,他在法国尼斯自杀。

"契诃夫的戏是应当作为抒情的喜剧来演出的。"

契诃夫对于当时一般的文学也非常注意,他对一班"新作家"尤其表示关心。他怀着极大的耐心读完了包·拉扎列夫斯基[①]。尼·奥立格尔[②]和别的许多人的大部头的原稿。他说:

"我们需要更多的作家。在我们日常生活里面文学还是一个新的东西,甚至是专门属于那些'优秀分子'的。在挪威,两百二十六个人里面就有一个作家,而在我们这儿一百万人里面才找得出一个作家来。"

他的病使他偶尔会有疑病患者的心境,有时甚至有厌人厌世者的心境。在这种时候他对于人和事的论断总是反复无常的,他对人们的态度也是很严厉的。

有一天他躺在沙发上,干咳着,一面玩着体温表,一面对我说:

"为了死而活着,已经不是一件有趣的事情,可是知道了自己不免早死而活着,这太愚蠢了……"

又有一次他坐在开着的窗前,望着远方,望着海,他忽然意外地恼怒地嚷道:

"我们习惯了在期待和希望中活着——我们期待好天

[①] 包·亚·拉扎列夫斯基(1871—1919):俄罗斯作家。

[②] 尼·费·奥立格尔(1882—?):俄罗斯作家。

气，期待好收获，期待美满的恋爱，希望发财，希望被任命为警察局长。可是我从没有看见过一个人希望自己变得更聪明的。我们心里想，换了一个新的沙皇，情形就会好转，两百年以后情形一定更好，可是并没有一个人出来努力使得这种好转明天就成为事实。总之，生活一天比一天地变得更复杂，它自己向着人们不知道的什么地方走去，而人们呢，却显著地变得更愚蠢，并且逐渐地跟生活越离越远了。"

他想了一会儿，便皱起前额加了一句话：

"就像宗教行列中那些残废的乞丐一样。"

他是一个医生，医生生病往往要比他的病人生病更痛苦；病人只是感觉到病痛罢了，医生却比病人知道得多些：他知道自己的组织正在败坏下去。在这样的一个场合里面，我们可以说，知识使人接近死亡。

他笑的时候两只眼睛非常美，它们有一种女性的温柔，而且十分柔和。他那种差不多是无声的笑特别可爱。他笑的时候，他真正在笑中感到了乐趣，他高兴了。我不曾见过一个能够像他这样"精神上"（我姑且用这个字眼）笑着的人。

那些粗俗的趣话绝不会使他发笑。

有一天他带着这种和悦、恳切的微笑对我说：

"您知道为什么托尔斯泰对您显得喜怒无常吗?这是因为他妒忌;他以为苏列尔席次基爱您比爱他更多些。是的,是的。昨天他对我说:'我对高尔基是不能够坦白的,我自己也不知道是什么缘故,可是我不能够。连苏列尔住在他那儿,也使我不高兴。这对苏列尔也有害处。高尔基是一个坏人。他好像是一个被人强迫修行的神学校学生,这使得他对任何人都不高兴。他有一个间谍的灵魂;他不知道是从哪儿跑来的,却跑到一个生疏的地方迦南①来了;他什么都注意,什么都留心,把什么都向他的那个上帝报告了。而他的上帝却是一个怪物,是乡下人所说的树精或者水神一类的东西。'"

说到这儿,契诃夫笑出眼泪来了,他一边揩着眼泪,一边继续说下去:

"我说:'高尔基是一个好人。'他又说:'不,不,我知道他。他有一根扁鼻子,而这种鼻子是只有倒霉的人同坏人才有的!并且,女人也不喜欢他,女人就跟狗一样:她们嗅得出来谁是好人。苏列尔呢,他真正生就一种完全不自私地爱人们的宝贵特性。在这方面他是个天才。能够爱,就是无所不能。'……"

契诃夫停了一会儿,又说下去:

"是的,老头儿妒忌。……多么奇怪啊……"

---

① 迦南:巴勒斯坦的古名。

他讲到托尔斯泰的时候，眼里总是现出一种特别的、几乎觉察不出来的和蔼而困窘的微笑；他压低了声音说话，好像在谈着什么虚幻的、神秘的东西似的，需要着使用谨慎温和的辞句。

他不止一次地抱怨着在托尔斯泰的身边没有一个像埃克曼①那样的人，把这个老哲人的锐利的、随时发生的、有时还是矛盾的思想详细地记录下来。

"您应当担任这个工作，"他劝告苏列尔席次基说。"托尔斯泰那么喜欢您，他跟您讲得很多，而且讲得那么好。"

契诃夫跟我谈到苏列尔的时候，他说：

"这是一个聪明的孩子……"

他说得很对。

有一天托尔斯泰当着我称赞契诃夫的一篇小说，我相信，就是那篇《宝贝儿》吧。他说：

"这跟一位贞节的姑娘编织出来的花边一样。古时候有这种织花边的女工，她们是些'老姑娘'。她们一生编织花边，把她们所有的幸福的梦想全织在花纹上面。她们用花纹、图样来幻想她们所爱的一切；她们的全部纯

---

① 约·彼·埃克曼（1792—1854）：德国作家，做过几年歌德的秘书，著有《与歌德谈话录》，三卷。

洁而渺茫的爱情,她们就把它完全织进花边里面。"托尔斯泰非常感动地说,眼睛里充满了泪水。

这一天契诃夫在发热;他坐在那儿,头埋着,两颊发红,仔细地在揩他的夹鼻眼镜。他许久都不作声;后来他叹了一口气,带了一点窘相,低声说:

"里面有排错的地方。"

关于契诃夫本来还有许多可以写,可是这需要着一种极干净、极细致的文笔,我觉得在我是办不到的。要是能够像他自己写《草原》那样地来写他,那多好!这一篇小说是发香的,轻快的,并且有一种纯粹俄罗斯味的带沉思的忧郁——这是一篇为着自己写的小说。

回忆这样的一个人是一桩好的事情;勇气马上就回到你的生活里来了;而且你的生活又重新有了一种明确的意义了。

人是世界的轴。

那么有人会问:他的坏处呢?他的缺点呢?

我们大家都饥渴于对人的爱,而人饿着的时候,即使是烤得坏的面包,吃起来也是香的。

柯罗连科时代①

在五月里一个刮风的阴天,天刚刚亮,我就离开了察里津,我预计九月里赶到尼日尼。

一部分的路程,我是在夜里同货车车长们在车辆制动台上旅行的;然而大部分的时间我却步行,在哥萨克村镇里,在村子里,在寺院里找点临时工作,维持生活。我走过顿河区,到过唐波夫省和梁赞省;我从梁赞,又顺着奥卡河,转向莫斯科。到了莫斯科我便到哈莫弗尼基②去访列·尼·托尔斯泰,索菲雅·安德烈叶夫娜告诉我,他到特罗依乐-谢尔吉叶夫斯卡雅修道院去了。我

---

① 本文和下篇《符·加·柯罗连科》最初合在一起,用《符·加·柯罗连科。回忆录的一章》这个题目发表在一九二二年出版的《革命年鉴》第一期上。后来又开作为《自传性的故事》同《我的大学》等共六篇陆续在《红色处女地》第一期至第六期上发表。作者本来打算写一本《在知识分子的中间》,可惜没有写成。这两篇"故事"跟那本没有写成的书当然有关系。
② 哈莫弗尼基:莫斯科的一区,托尔斯泰的旧宅在这一区里。

是在那间满满地堆着一捆一捆书的杂物房门前的院子里遇见她的,她把我引到厨房里去,亲切地请我喝一杯咖啡,吃一块小面包。她在谈话中对我讲起,有很多"来历不明的游手好闲的人"来麻烦列夫·尼古拉耶维奇,而且在俄罗斯,游手好闲的人总是非常多。我自己早已看到了这种情形,我毫不偏心地、而且客气地承认这个聪明女人的观察是完全正确的。

这是九月的末尾。秋天的雨大量地落在地上;凉风吹过麦子割了以后的田地;树木现出了鲜艳的颜色;这是一年中间最美的季节,但是对徒步旅行的人、尤其是穿破靴子的人来说,就不大方便了。

在莫斯科货物站上我说动了一个车务员,他让我上了一辆牲畜车,这辆车上装着八头契尔卡塞种的公牛,要运到尼日尼屠宰场去。八头牛中间有五头倒很规矩,可是其余的三头不知道因为什么缘故并不喜欢我,它们一路上总是尽力对我做出种种不愉快的事情;它们每次达到了这个目的,就满意地哼哼鼻子,叫几声。

车务员身材瘦小,是一个弯腿的醉鬼,上嘴唇的胡子长得乱糟糟的,他要我负责一路上喂饱我那几个旅伴。每次列车一停,他就打开车门塞进一捆干草来,大声吩咐我:

"给它们吃!"

我同公牛们一块儿旅行了三十四个钟头,我还天真地相信我这一辈子不会看到比它们更粗野的牲畜了。

我的背包里有一个笔记本,上面有好些诗,还有一首半诗句半散文的诗《老橡树的歌》。

我从来不曾有过分自信的毛病,而且当时我还觉得自己知识太差,但是我倒真正相信自己写了一个出色的作品:我把我在这十年丰富、生动、艰苦的生活中间所想过的一切全塞在这个作品里面了。我还深信知识丰富的人们读到我的诗,一定会因为我让他们看见的一切新鲜事物感到满意的惊讶,我的作品中的真理会震动全世界人的心,这以后马上就会开始一种诚实、纯洁和快乐的生活——我所想望的除了这个就再没有别的了。

尼·叶·卡罗宁住在尼日尼;我间或去看他,却不敢把我的哲学的著作拿给他看。患病的尼古拉·叶里皮季福罗维奇引起了我强烈的怜悯的感情。我非常深切地感觉到这个人痛苦地、顽强地在考虑什么问题。

"可能是这样,"他说,从鼻孔里喷出一阵浓烟来,又深深地吸着纸烟,然后带笑地结束道:

"然而也可能不是这样……"

他的谈话给我引起一种痛苦的惶惑的感觉;我觉得这个垂死的人有权利、同时也应当讲得跟别人不同,而且讲得更明确。这一切,再加上我对他那种真挚的同情,使我对他①非常小心,我似乎害怕伤害他,使他痛苦。

我是在喀山看见他的,他刚从流放地回来,经过那里,停留了几天。他给我留下很深的这样一个印象:他这个人一生都不是在他愿意待的地方。

"其实我不应当到这里来!"

这是我走进那间阴暗屋子的时候听到的话,他住在载货马车夫们常住的客栈内,是一所没有楼的耳房,就是在那个不干净的院子里面。一个身材高高、有点驼背的人站在屋子的当中,沉思地望着一只大表的针面。在另一只手的指头中间一根香烟正在冒浓烟。于是他迈开长腿在屋子里走来走去,一面简短地回答房东谢·格·索莫夫②的问话。

他那双近视的、孩子似的明亮的眼睛露出疲倦和焦虑的表情。他的颧骨和下巴上长满了长短不齐的浅色硬毛。教堂执事那种很久不洗的笔直的头发生在他那个方形的脑袋上。他的左手插在他那揉皱了的裤子的袋里,把裤袋里的铜板弄得叮当地响了起来;右手拿着一支香烟,他舞动香烟就像乐队指挥舞动指挥棒一样。他抽着烟。他在干咳,而且一直在看表,忧郁地咂着嘴唇。他

---

① 原文是彼得巴夫洛夫斯基,这是卡罗宁的本姓。
② 索莫夫:一八四二年生,卒年不详;是接近民粹派的革命活动家,他也从流放地回来,而且是"被监视的人物"。

那个长得难看的皮包骨的身体的动作告诉别人他这个人实在疲乏不堪。人们逐渐悄悄地走进屋子里来,大约有十五个板着面孔的中学生和大学生,还有一个烘面包的和一个装玻璃的。

卡罗宁用害肺病的人那种空洞的声音对他们讲流放的生活,讲流放人的心境。他讲话的时候并不看别人,好像他在对自己讲话一样;他常常短短地停顿一下,坐在窗台上,无可奈何地朝四周看看。他的头顶上面有一面小小的通风窗正开着,一股充满了大粪和马尿气味的冷空气从那里流进屋子里来。卡罗宁头上的乱发动起来了,他用他那只瘦得见骨的手上的长指头梳平它们,一面回答别人的问话:

"这是可能的,不过我不能断定真有这种事!我不知道。我不能说。"

年轻人不喜欢卡罗宁。他们习惯听那些什么都知道、什么都会讲的人谈话。卡罗宁讲故事的那种谨慎的调子引起了他们的讥讽的评语:

"吓坏了的老鸦。"[1]

然而我的朋友装玻璃匠人阿纳托里却认为:卡罗宁那双孩子似的眼睛里射出来的诚实深思的眼光和他常说的"我不知道"那句话可以解释为另一种害怕:这个了

---

[1] "吓坏了的老鸦":"惊弓之鸟"的意思。

解生活的人害怕自己对年轻人讲了他不能够老实讲出来的话，把他们引到错误的路上去。像阿纳托里和我这种有过直接生活经验的人，我们对那些书呆子多少有些不相信。我们很了解那些中学生，我们看得出来他们在这个时候故意装出比平日更严肃认真的神气。

快到午夜的时候，卡罗宁突然闭了嘴，走到屋子当中，站在烟雾中间，起劲地用他的手掌心擦脸，好像用看不见的水洗脸似的。然后从腰带下面掏出表来，把它放在鼻子跟前，匆忙地说：

"那么，现在。我得走了。我的女儿生病。很厉害。再见！"

他用发热的手指头紧紧地握了向他伸过来的那些手，摇摇晃晃地走出去了；我们中间开始发生了"内讧"——所有这一类的谈话都不可避免地会产生这样的后果。

卡罗宁在尼日尼焦虑不安地观察着知识分子中间托尔斯泰主义的运动；他还帮忙在辛比尔斯克组织一个聚居地；这个计划很快地就失败了，他的短篇小说《包尔斯卡雅聚居地》就是描写这个事实的。他劝我道：

"您不妨'回到地上去'。这对您也许很适合。"

然而我对这种苦行爱好者的自毁经验并不感兴趣，而且我在莫斯科见过了"托尔斯泰主义"的一个主要的创立者米·诺沃谢洛夫，特威尔省和斯摩棱斯克省的互助社就是他组织的，他后来却做了《正教杂志》的经常撰稿人，而且成了列·尼·托尔斯泰的凶恶的敌人。

这个人身材高，看起来气力大，他装出来非常单纯，他的思想和行为都很粗野，在这种粗野下面我感觉到这个野心家那种并未掩藏好的恶意。他粗暴地否定了"文化"；这使我很不高兴；我当时正费了大力，而且越过了种种的障碍才在文化这个领域里面有了一些进步。

我是在涅恰耶夫①的信徒奥尔洛夫的家里认识他的。奥尔洛夫是莱奥帕尔狄和福楼拜②的翻译者，又是很好的《文学集林》丛刊的一个主持者。这位又聪明、修养又高的老头儿整个晚上都在拚命挖苦"托尔斯泰主义"。那个时候我对所谓托尔斯泰主义倒还有点兴趣，我把它当作一个机会：可以让我在一个安静的生活角落里暂时休息一下，好好地想一想我过去的经历。

……不用说，我知道符·加·柯罗连科住在尼日尼，我读过了他的《玛卡尔的梦》，不知道为什么缘故我并不喜欢这篇小说。

有一回在下雨天，我同一个朋友在街上走，他朝旁

---

① 谢·根·涅恰耶夫（1847—1882）：俄罗斯革命策划家，主张冒险主义斗争方法和无原则的恐怖主义。一八七二年被捕判处二十年苦役，死在彼得保罗要塞的囚牢中。
② 贾·莱奥帕尔狄（1798—1837）：意大利诗人；古·福楼拜（1821—1880）：法国现实主义作家。

边看了一眼,对我说:

"柯罗连科!"

一个宽肩膀、身材短胖的人穿了一件毛茸茸的大衣,脚步稳定地在人行道上走着;在他那滴水的伞底下,我看见了一部起鬈的胡须。这个人使我联想起唐波夫省贩卖家畜的商人,我有充分的理由憎恨这一种人,因此我也不想跟柯罗连科认识。后来一个宪兵队的将军劝我去找柯罗连科(这种有趣的滑稽事情在古怪的俄罗斯生活中倒是常见的),也并没有给我增加认识他的愿望。

那个时候我被逮捕,给关在尼日尼-诺弗戈罗德监狱内,牢里有四座塔,我就关在一座塔里面。我那间圆形的囚室里没有什么值得注意的东西,只有一行刻在包铁皮的门上的字:

一切生命都是从囚室来的。

我想这句话的意思想了好久。我当时并不知道这是生物学的原理①,就断定它是某一位幽默家的警句。

我被带到波兹南斯基将军本人的面前受审讯。他用那只浮肿的、深红色的手拍着从我那里拿来的文件,说话的时候,鼻子不停地发出响声:

"您倒写了诗,一般地说……好,您写吧!读好诗倒

---

① 根据原文,"囚室"同"细胞"是一个字。抄写这句话的人在这里暗示了一种讽刺的意思。

是愉快的事情……"

对我来说,知道这个将军居然懂得一点真理,也是一件愉快的事情。我并不以为"好"这个形容字是指我的诗说的。不过在那个时候的知识分子中间,很多人都不会同意将军的这种对诗的看法。

伊·伊·斯威坚佐夫[①]是文学家和近卫军军官,过去还是一个流放人,他热烈地谈起民意党人[②],特别热情地谈到薇娜·妃格念尔[③];他在一些"大型文学"杂志上发表了些阴郁的短篇小说,可是我把福方诺夫[④]的这两行诗

你对我讲的我没有听

只知道你讲的是什么情话……

念给他听的时候,他生气地哼着鼻子说:

"废话!她[⑤]也许是在问他:现在什么时候?这个傻瓜,他就高兴起来了……"

[①] 伊·伊·斯威坚佐夫(1842—1901):俄罗斯作家,民粹派,笔名"伊凡诺维奇"。
[②] 民意党是民粹派(俄罗斯革命运动中小资产阶级的派别)革命的恐怖组织,采取个人恐怖手段,作为反对专制制度的方法。一八八一年民意党人杀死了沙皇亚历山大二世。
[③] 薇娜·妃格念尔(1852—1942):俄罗斯民粹派女革命家,一八八四年被处死刑,后减为无期徒刑,在要塞中关了二十年。
[④] 康·米·福方诺夫(1862—1911):俄罗斯诗人,他的诗中充满绝望的感情和颓废的情调。
[⑤] 这里的"她"便是福方诺夫诗句中的"你"。

这个将军的身体胖大笨重,穿一件落了钮扣的灰色军衣,和一条破烂的有饰绦的军裤。他那张浮肿的脸配上一头白发,而且脸上布满了深红色的血管,他那双泪汪汪的、无光的眼睛看起来很忧郁,很疲乏。我觉得他是一个没有人关心的可怜的人,不过他倒是可以亲近的;他好像一只纯种狗,现在老得叫起来很吃力,而且也不想叫了。

我从安·费·柯尼①的演说集知道了这个将军生活里的惨剧;我知道他的女儿是一个有才能的钢琴家,他自己有吗啡瘾。他还是尼日尼"技术协会"的创办人和会长;他在协会的会上讨论了家庭手工业的重要,而且在城内大街上开办了一家铺子专门出售本省的手工艺品;他常常送秘密报告到彼得堡,揭发地方自治会的人,揭发柯罗连科和省长巴拉诺夫,省长自己也喜欢写告密的报告。

将军身边的一切都是乱七八糟的。床单没有折叠地堆在皮沙发上,就在他的背后;沙发底下露出来一只很脏的靴子和一堆雪花石膏,大约有两普特重吧。黄雀、金翅雀、灰雀在窗框上挂的笼子里跳来跳去;书房的一个角上安了一张大桌子,上面胡乱地放了一些物理仪器;

---

① 安·费·柯尼(1844—1927):俄罗斯司法工作者和作家,著有回忆录《在生活的道路上》五卷。

就在我面前，桌子上还有一本厚厚的法文书《电学理论》和一本谢琴诺夫①的小书《大脑反射》。

老头子不停地抽着又短又粗的纸烟，它们那种浓浓的烟雾很不舒服地刺激我的神经，使我居然有了那种可笑的想法：烟草是在吗啡里浸过了的。

"您是什么样的革命党呢？"他唠唠叨叨地说。"您不是犹太人，也不是波兰人。而且，您写作，好吧，又怎样呢？听我说，我要是释放您，把您的稿子拿给柯罗连科看，——您认识他吗？不认识？他是一个正派的作家，并不比屠格涅夫坏……"

从将军的身上发出来一种令人窒息的刺鼻的气味。他讲起话来好像很勉强，而且仿佛不大情愿地、吃力地把一个一个字从嘴里拉了出来。这叫人心烦。我注意地望着桌子旁边那个小小的玻璃陈列橱，橱里放得有一排一排金属的圆形东西。

将军注意到我的眼光斜射在什么地方，猛然抬起头来，问道：

"您感到兴趣吗？"

他把扶手椅搬近了陈列橱，打开了橱门，对我说：

"这些纪念章是纪念历史上的事件和人物的。这个纪

---

① 伊·米·谢琴诺夫（1829—1905）：俄罗斯生理学派的奠基人，自然科学家。

念攻打巴斯底①的事件，这个纪念纳尔逊②在阿布吉尔的胜利，——您知道法国历史吗？这个纪念瑞士联邦的成立，这个是纪念著名的伽伐尼③的，——您看，做得多么好。这是居维叶④，它明明差得多！"

夹鼻眼镜在他那根紫红色鼻子上面颤动，他那对水汪汪的眼睛显得生动了，他用粗的手指头小心地拿着那些纪念章好像它们并不是铜制的，倒是玻璃做的一样。

"多美丽的艺术！"他喃喃地说，滑稽地鼓起嘴唇吹去纪念章上的尘土。

我真心地赞赏这些圆形金属东西的美丽，我看得出来老头子非常喜欢它们。

他叹了一口气，关上了玻璃橱，又问我是不是喜欢唱歌的鸟。在这方面我明白我大概比三个将军加在一块儿还知道得多些。于是我们两个就起劲地谈起鸟类的事情来了。

老头子早已吩咐宪兵把我带回牢里去。那个身材魁

---

① 巴斯底：十四至十八世纪巴黎的城堡，自十五世纪末叶起，这里专门监禁囚犯，特别是政治犯，一八七九年七月十四日巴黎人民起义，攻打巴斯底，把它捣毁成平地。

② 霍·纳尔逊（1758—1805）：英国海军上将，一七九八年在阿布吉尔海湾打败了法国舰队。

③ 路·伽伐尼（1737—1798）：意大利物理学家，电学创始人之一。

④ 乔·居维叶（1769—1832）：法国自然科学家。

伟的班长立正地站在门口,他的长官却只顾谈话,懊恼地咂着嘴:

"您知道,我就找不到一只松雀。这种鸟漂亮极了!一般地说,鸟都是很好的家伙,对不对?好吧,您安静地去吧……"他记起来了,又加一句,"啊,是的,您得学习——写作,可不要干那种事情……"

过了几天我又坐在将军的对面,听他生气地叽哩咕噜:

"不消说,您知道索莫夫①到哪儿去了,您应当告诉我,我就会马上放您出去。您不应该挖苦那个搜查您屋子的军官。……而且一般地说……"

他突然朝着我伸过头来,好意地问道:

"现在您不再捕鸟了吧?"

……我跟将军的这种有趣的交往以后,过了十年的光景,我又被捕了,在尼日尼－诺弗戈罗德宪兵队里听候审讯,一个年轻的副官走过来问我:

"您记得波兹南斯基将军吗?他是我的父亲。他死在托姆斯克。他非常关心您的命运,他一直注意您文学上的成就,他常常说,他是第一个认出您的才能的人。他死前不久还嘱咐过我,把那些您喜欢的纪念章送给您,

---

① 高尔基当时和索莫夫(参看第一五八页注)住在一处。彼得堡警察署来电报,要逮捕索莫夫,索莫夫逃走了。高尔基恰恰在宪兵搜查的时候回家,因此被捕。

自然，要是您肯接受它们的话……"

我真正受到了感动。我出狱的时候就接受了那些纪念章，把它们转送给尼日尼－诺弗戈罗德的博物馆了。

……我服兵役不合格。那个肥胖、爱笑的医生倒有点像卖肉的，他像屠宰场上的杀牛人那样指挥着，一边检查我的身体，一边说：

"有窟窿，肺上有小洞！此外腿上血管肿大。不合格！"

这件事叫我非常苦恼。

在我应召以前不多久，我认识了一个测量地形的军官，他叫巴斯兴或者巴斯哈洛夫，我记不清楚了。

他参加过库什卡①的战争，他把阿富汗边境的生活描写得有声有色。他春天大概就要奉派到帕米尔高原去测定俄国的边界。这个人身材高，肌肉发达，神经过敏，他照费多托夫②的画法，非常高明地画了一些军队生活的小幅油画。我觉得他身上有一种不调和的、冲突的东西，也就是人们所谓"变态的"东西。他劝我道：

"您到地形测量队报名吧，我带您到帕米尔高原去！您会看到世界上最美的东西——沙漠！山是混乱，沙漠才

---

① 库什卡：现在是土克曼共和国内的一个市镇，在土克曼与阿富汗交界的地方。
② 巴·安·费多托夫（1815—1852）：俄罗斯画家，俄国艺术中民主、讽刺和揭发性风格的创始人。

是和谐!"

他眯起他那双奇怪地动着的灰色大眼睛,把他那柔和、亲切的声音压低成耳语一样,神秘地讲起沙漠的美丽来。我静静听着,惊讶得发不出声音:人怎么能够把空漠、无穷无尽的黄沙、深沉的静寂、炎热和难堪的口渴,谈得这么令人心醉呢?

他知道我服兵役不合格,就对我说:"没有关系,您写一份申请书要求志愿参加地形测量队,并且愿意通过必要的考试。让我给您安排一切。"

我写好了申请书交出去了;我焦急不堪地等待着结果。过了几天巴斯哈洛夫惊惶不安地对我说:

"原来您在政治上不可靠,因此我也无能为力了!"

他埋下眼睛,小声地再说一句:

"可惜您对我隐瞒了这种情况。"

我告诉他,这种"情况"对我也是新闻,不过他好像并不相信我的话。不久他就离开了这个城市,圣诞节我在一份莫斯科的报纸上读到这样的消息:他在公共浴室里用剃刀割断了喉管。

……我继续困难地、狼狈地生活下去。我在一家啤酒栈里工作,在一个潮湿的地窖里把酒桶滚来滚去,或者洗瓶子、给酒瓶塞上软木塞。我整天就做这些事情。我又到一个烧酒厂的办事处去工作,可是就在我上班的头一天,工厂经理太太养的一条猎狗跑过来咬我,被我当头一拳打死了,因此我马上就被开除了。

有一天,天气很坏,我终于下了决心带着我的诗去找符·加·柯罗连科。一连三天都是大风雪,街上积雪堆得很高,屋顶都戴了漂亮的雪帽,椋鸟窝①也戴上了银白色的睡帽;窗玻璃上挂满了冰花,苍白色的天空中一轮又冷又热的太阳射出了眩目的光芒。

符拉季米尔·加拉克季奥维奇住在城边一所木房子的楼上。台阶前人行道上,有一个身材不高、身体结实的人拿了一把大铁铲很能干地在劳动;这个人戴了一顶形状古怪的、有帽耳的皮帽子,身上穿了一件剪裁得不好、只到膝盖的羊皮短袄,脚上穿了一双笨重的维亚特加的毡靴。

我很吃力地穿过了雪堆,走到台阶前。

"您找谁?"

"柯罗连科。"

"我就是。"

他的浓密的髭须上已经涂了霜痕,胡须中间有一对善良的棕色眼睛在望着我。我并不认识他;那次我在街上遇见他,并没有看到他的面貌。他把身子支在铁铲的柄上,默默地听我说明我来找他的目的;后来他眯缝起

---

① 椋鸟窝:装在树上或者杆子上,形状像小木匣。

眼睛,好像记起来了。

"我知道您的名字。两年多以前有个叫罗玛斯·米哈依洛·安托诺夫的人① 写信给我谈的就是您的事情吧?是这样的!"

我们走上楼梯,他又问我:

"您冷不冷?您穿得很薄。"

接着他好像对自己讲话似地小声说:

"罗玛斯是个固执的人。聪明的乌克兰人。他现在在哪儿?"

那间坐落在一个角落里的小屋子,窗下便是花园,房里塞满了家具,有两张办公桌,有几个书橱,还有三把椅子;他一面用手帕揩他那打湿了的胡须,一面翻我那厚厚的手稿本的篇页,对我说:

"我要读它!您的字写得很怪:看起来简单、明白,可是读起来很困难。"

手稿本躺在他的膝上,他一会儿斜着眼睛看手稿;一会儿又看我,使我很窘。

"您在这儿写了'齐格加格',这一定是……笔误。并没有这样的字,应当是'齐格扎格'。②

---

① 米哈依尔·安东诺维奇·罗玛斯(1859—1920):高尔基当时一个要好的朋友,曾经在西伯利亚度过流放生活的民粹派革命者。
② "齐格扎格":弯弯曲曲的道路。

符·加·柯罗连科说出"笔误"之前略略停顿一下,这使我明白他这个人懂得怎样尊重旁人的自尊心。

"罗玛斯写信告诉我,农民起初想用火药炸死他,[①]后来又想放火烧他的屋子——这是真的吗?"

他一边讲话,一边翻看我的手稿。

"只有在绝对必需的时候才可以使用外国字。一般地说,最好不用它们。俄罗斯语言很丰富,具备了一切的辞汇,完全可以表达最细致的感情和差别极细微的思想。"

这些话好像是随便说出来的,他一面还在问我关于罗玛斯和乡村的事情。

"您老是板着面孔!"他突然说,接着又带笑地加了一句,"您的生活很苦吧?"

他的温和的讲话完全没有伏尔加流域人们那种粗野的重音。可是我觉得他非常像一个伏尔加河的领港人,——这不仅因为他那结实的、胸部宽阔的身体,他那对聪明眼睛的锐利眼光,而且还因为他那愉快的沉静,这种沉静正是那些人所特有的:他们深刻地观察过生活,看它怎样穿过暗滩和岩石,顺着弯弯曲曲的河床流去。

"您常常用粗鲁的字,——大概在您看来这些字有力

[①] 罗玛斯当时在伏尔加河边克拉斯诺维多沃村开了一个杂货店,一面向农民做宣传工作。村里的富农们几次想暗害他。

量吧。有时候倒是这样的。"

我告诉他,我知道我用惯了粗鲁的字眼,不过我没有时间去找温和的字眼和感情,而且也没有地方可以让我从容地这样写作。

他注意地望了我一眼,亲切地说:

"您写着'我到世界上来是要表示抗议。有一回是这样的……''有一回……这样',——不对!这种说法笨拙,不漂亮。'有一回这样','有一回是这样',您听起来怎样?"

我第一次听到这一切的话,可是我马上觉得他的话是正确的。

再后,我的诗里面有一个人"像老鹰一样地"坐在一所庙宇的废墟上。

"这样坐,地方不适当,既不庄严,也不体面。"柯罗连科含笑说。

以后他一个接一个地找出我的"笔误"来。那么多的"笔误"使我非常狼狈,我的脸一定红得像烧红的炭一样。柯罗连科注意到我的情形,便带笑地对我讲了些格列布·乌斯宾斯基的错误。这是他的好意,然而我已经什么也听不进去,什么也不了解了。我只有一个愿望:赶快带羞逃走。作家同演员的自尊心都很强,跟鬈毛狗差不多,这是谁都知道的。

我告辞走了,好几天我的心情十分沮丧。

我看到了一个跟别人完全不同的作家。他一点也不像那个精神受了损伤的心地可爱的卡罗宁,不用提古怪可笑的斯塔罗斯青①了。他跟那个郁郁寡欢的斯威坚左夫-伊凡诺维奇也完全不同。斯威坚左夫-伊凡诺维奇有一次对我说过:

"一篇短篇小说应当像棍子那样打中读者的灵魂,这样读者才会感觉到自己是怎样的一个畜生!"

这句话里有什么东西跟我当时的心境相合。然而柯罗连科头一个用有分量的合乎情理的话对我谈起结构的重要,谈起辞句的美丽。这些话里所含的简单而又容易了解的真理使我吃惊;我听他讲话,带了惊恐地感觉到当作家并不是容易的事。我在他那里坐了两个多钟点,他对我讲了很多话,不过没有一句话讲到本题,讲到我的诗的内容。我已经感觉到我不会听到一句关于它的好话了。

过了两个星期的光景,红头发的统计学家尼·伊·德利雅京②(一个聪明可亲的人)把手稿带给我,对我说:

"柯罗连科觉得他把您吓倒了。他说,您有才能,不

---

① 符·雅·斯塔罗斯青-玛年科夫:生年不详,一八九六年卒;俄罗斯民粹派作家和记者。
② 尼·伊·德利雅京(1865—1905):尼日尼的统计学家,安年斯基的朋友。

过应当根据现实写作,不要去发挥哲理。他还说,您有幽默感,虽然带一点粗野,不过这倒是好的。谈到您的诗,他说,这是梦话。"

手稿本的封面上有好几行用铅笔写的尖笔字:

根据这首《歌》很难判断您的才能,不过我觉得您是有才能的。您不妨写一篇您亲身经历过的事情,写好拿给我看看。我不会谈诗,您的诗我不懂,虽然个别的几行有力而且生动。

符拉·柯罗

关于稿子的内容——一句话也没有。这个古怪的人究竟觉得我的稿子怎样呢?

从手稿本中间落下来两张诗稿。一首诗的题目是《高山的声音对登山者说的话》,另一个诗题是《魔鬼跟轮子的谈话》。我现在记不起来魔鬼跟轮子谈的是什么话,——好像是谈到生活的"循环"吧,——也不记得"高山的声音"讲了些什么了。我把这两首诗和手稿本撕碎,丢在正在燃烧的荷兰式炉子里面;我坐在地板上,反复地想:写"自己亲身经历过的事情"究竟是什么意思?

我写在诗里面的一切我都亲身经历过⋯⋯

那些诗!它们都是偶然写到我的手稿本里来的。它们是我的小小的秘密,我从没有拿给任何人看过,我自己也不大懂得它们。我的一班朋友都把皮面精装的巴雷科娃和李哈切夫翻译的科贝、让·利席班、托玛斯·虎德①以及其他这类诗人的作品看得比普希金更高,更不用提福方诺夫的诗歌了。涅克拉索夫被尊为诗王。年轻人崇拜纳德松②,年纪较大的人至多也不过对纳德松谦虚一点。

我平日真心尊重的一班严肃的人都把我当作正经的人;他们一星期两次跟我讨论家庭手工业的重要性,讨论"人民的需要同知识分子的责任",讨论资本主义的腐朽的传染病(资本主义在农民的、社会主义的俄罗斯决不——决不!——会找到立脚点)。

现在大家都会知道我写了些什么讲梦话的诗!我倒惋惜那些人不得不改变他们过去对待我的那种亲切、正经的态度了。

我决定不再写诗,也不写散文,事实上我住在尼日尼的将近两年的中间我就什么也没有写。可是有时候我真想写点什么。

我带着极大的苦恼把我的智慧奉献给净化一切的烈火了。

---

① 弗·科贝(1842—1908):法国作家;让·利席班(1849—1926):法国作家,作品有《光棍之歌》;托·虎德(1799—1845):英国诗人,有名的《衬衫曲》等诗的作者。这些诗反映了当时工人们所遭受的剥削。
② 谢·雅·纳德松(1862—1887):俄罗斯诗人。

……符·加·柯罗连科跟"急进派"知识分子的团体没有一点关系,我跟那些《急进派》知识分子往来,自己觉得就好像一只黄雀待在一家聪明的大乌鸦中间一样。

这些人最喜欢的作家是尼·尼·兹拉托夫拉次基[①],他们说:"兹拉托夫拉次基净化、提高人们的灵魂。"

一个年轻人的教师这样地推荐这位作家道:

"读兹拉托夫拉次基吧,我跟他有交情,他是个正直的人!"

他们很认真地读格列布·乌斯宾斯基的作品,不过他们疑心他有怀疑主义的倾向,对农村抱怀疑的态度是不能容许的。他们也读卡罗宁、玛奇捷特、扎索季姆斯基[②],并且细读波塔片科[③]:

"这个人好像倒不坏……"

玛明-西比利雅克[④]是他们尊重的,不过他们说他的"倾向暧昧不明。"

屠格涅夫、陀思妥耶夫斯基、列·托尔斯泰跟他们的兴趣离得很远。托尔斯泰的宗教的传道被他们用这样

---

① 尼·尼·兹拉托夫拉次基(1845—1911):俄罗斯民粹派作家。他在关于农村的小说中把农村公社理想化了。
② 格·亚·玛奇捷特(1852—1901):俄罗斯民粹派倾向的小说家;巴·符·扎索季姆斯基(1843—1912):俄罗斯民粹派作家。
③ 伊·尼·波塔片科(1856—1929):俄罗斯作家。
④ 季·纳·玛明-西比利雅克(1852—1912):俄罗斯作家。

的一句话来解释：

"这位老爷在胡闹！"

我那些友人却不知道应当怎样对待柯罗连科。他被流放过，又写过《玛卡尔的梦》，这两件事不用说会取得他们对他的尊敬。不过他的短篇小说里面有一种可疑的东西，那些专门欣赏描写乡村和农民生活的文学作品的读者所不习惯的东西。

"他用脑子写作，"他们这样批评柯罗连科道。"然而我们却只能了解别人的灵魂。"

那篇出色的短篇小说《在夜间》特别引起他们的不满，他们在小说里看到了作者的"玄学"的倾向，认为这是犯罪。连符·加的圈子里面的人，大概是安·伊·波格达诺维奇①吧，也写了一篇聪明而显然带恶意的故意模仿这篇小说的东西。

"完——完全胡说！"谢·格·索莫夫有点结结巴巴地说，他不大正常，可是在青年中间有相当大的影响。"描——描写生产的生理上的动作，这是某种特殊文——文学的事情，而且也用不着牵扯到蟑螂身上！这个柯——柯罗连科，他在模——模仿托尔斯泰。"

柯罗连科的名字在城里各界人中间已经很响亮了。他成了文化生活的中心人物，他好像磁石那样，把人们

---

① 安·伊·波格达诺维奇（1860—1907）：俄罗斯批评家。

的注意、同情和仇视都吸引到他的身边来。

"他想出锋头。"那些找不到别的话的人这样说。

这个时候在本地的贵族银行里发现了一件情节重大的盗窃案,这件很寻常的事情却产生了戏剧性极强的后果:主犯是省里的"名流",又是一个"情种",他死在监牢里面,他的妻子服了盐酸铜溶液自尽。她的尸体刚刚下葬,一个爱上她的人就在她的墓前用手枪打死了自己;还有两个牵连在银行窃案里的人也接连地死了,——谣传他们两个也都是自杀的。

符·加在《伏尔加导报》上发表了谈银行窃案的文章,而且刚巧在这些戏剧发生的时候印出来。有些神经过敏的人就说:柯罗连科"用通讯报导杀人";我的老板阿·伊·拉宁[①]却热烈地主张说:"对世界上任何现象,艺术家都不能不关心。"

大家都知道诽谤是最容易的事情,所以那些心地窄狭的人就很慷慨地把各种各样的诽谤抛在柯罗连科的身上。

在那些停滞的年月里,生活转动得非常慢,它顺着一条看不见的螺旋形的路向着它那个未知的目标上升,在这转动的过程中那个看起来像领港人一样的人的短胖身形越来越鲜明。去势教徒[②]案审讯的时候,符·加坐在

---

① 亚·伊·拉宁(1845—1907):尼日尼的律师。高尔基在他那里当过秘书。
② 去势教徒:旧俄的宗教的教派。他们认为生育是罪恶,故将自己阉割。

旁听席中,在他的笔记本上绘下那些残忍信徒的半死的面容。在地方自治会的大厅里,在教会游行行列的旁边,在许多地方,到处都有他的踪迹。任何一件稍微重大的事情未有不引起他细心注意的。

一群各种各样出色的名人紧紧团结在他的周围:尼·费·安年斯基①,非常聪明、灵活的人;谢·雅·叶尔巴季耶夫斯基,医生和文学家,善良而乐观,始终热爱人们;安盖尔·伊·波格达诺维奇,深沉而刻毒;被称为"革命绅士"的阿·伊·伊万钦-皮沙列夫;地方自治会会长阿·阿·沙威里耶夫;阿波隆·卡列林②,他写了我一生所读到的最短、最有说服力的传单,一八八一年三月一日③以后,他在尼日尼的墙上贴出来传单,上面只有四个字"要求宪法"。

柯罗连科的这个圈子被人开玩笑地称为"冷静的哲学家协会";会员们有时也发表很有意思的学术讲演;我还记得卡列林的关于圣鞠斯特④的精彩报告和叶尔巴季

---

① 尼·费·安年斯基(1843—1912):尼日尼自由主义民粹派团体的领导者,统计学家和政论家。
② 阿·阿·沙威里耶夫(1847—1916):后来参加了立宪民主党;阿·安·卡列林(1863—1926):尼日尼的经济学家和法学家,十九世纪八十年代初期曾领导尼日尼民意党的组织。
③ 这是民意党人暗杀沙皇亚历山大二世的日子。传单的俄文原文只有两个字。
④ 路·安·圣鞠斯特(1767—1794):十八世纪末法国资产阶级革命的活动家。

耶夫斯基关于"新诗"的报告，当时所谓新诗就是指福方诺夫、弗鲁格、柯陵夫斯基、麦德威慈基、明斯基、麦列日科夫斯基这些人的诗。地方自治会的统计学家们尼·伊·德利雅京、基斯里雅科夫、玛·阿·普洛特尼科夫、康斯坦季诺夫、希米特以及其他几位同样认真的俄罗斯农村的调查研究者则是被列在所谓"冷静的"哲学家里面的。他们中间每一个人在研究令人迷惑的农民生活这一方面都留下了很深的迹印。而每个人本身又是对这种不可理解的生活深感兴趣的一小群人的中心人物，并且每个人都有可以给人学习的地方。（这种对农村生活很认真的，完全客观的态度对我个人倒很有用。）所以柯罗连科的圈子的影响越来越扩大，甚至进入了那些平日不容易接触文化的阶层中间。

我有一个朋友皮敏·符拉西耶夫是里海大渔业家玛尔科夫的打扫院子的人。他是一个普通的俄罗斯农民，有一根翘鼻子，他的身体好像是匆匆忙忙、简简单单地拼凑起来的。有一天他对我讲起他的老板的违法的打算，便压低声音偷偷地告诉我：

"他会这样乱干的，不过——他害怕柯罗连科！你知道这个神秘的人是从彼得堡派来的，他叫做柯罗连科，是一位外国国王的侄儿，他们把他从外国雇来检查事情——他们不信任省长。这个柯罗连科已经叫贵族知道好歹了——你听见过吗？"①

皮敏不识字，又是个大梦想家，他有一种异常乐观的对于上帝的信仰，他深信不疑地等待着在最近的将来"一切谎话"都会消亡。

"好朋友，你不要烦恼，谎话很快地就会消灭的。它会淹死自己，吃掉自己！"

他说这番话的时候，他那双暗灰色的眼睛奇怪地变成了蓝色，燃烧起来，而且露出了莫大的喜悦；它们好像刚刚熔化了，流出来一股一股的青光。

某一个星期六我同他一块儿在澡堂里洗了澡，后来又到一家小饭店去喝茶。皮敏突然抬起他那双和善的眼睛望着我，说道：

"等一等……"

他那只拿着茶碟的手在打颤，他便把茶碟放在桌子上，伸起耳朵在听什么，一面在胸口上划十字。

"皮敏，你怎么啦？"

"好朋友，你瞧，神的思想现在来打动我的灵魂了，——这就是说，上帝马上要把我叫到他跟前去

---

① 文学家谢·叶列昂斯基在文章里断定这个把符·加·柯罗连科当作"英国太子"的传说是"知识分子创造出来的传说"。我当时写信告诉他，这种说法是错误的。传说发生在尼日尼-诺弗戈罗德，我认为它的作者便是皮敏·符拉西夫。这个传说在尼日尼-诺弗戈罗德地区内传播很广。一九〇三年我在弗拉基高加索从一个巴拉赫纳的木匠口里听到了它。——原注

了……"

"得了，你身体那么好！"

"不要响！"他严肃而快乐地说。"不要讲话——我知道！"

下星期四他就给一匹马踢死了。

……从一八八六到一八九六这十年在尼日尼-诺弗戈罗德可以称为"柯罗连科时代"，并没有丝毫的夸张；而且报纸上已经不止一次地讲到这个了。

城里的一个怪人，烧酒坊的老板，"毫不在乎的"破产者亚·亚·扎鲁宾（他晚年变成了信仰坚定的托尔斯泰主义者，主张刻苦节欲）在一九〇一年对我说过：

"还是在柯罗连科时代我就明白我的生活不对……"

他改正他生活方式的时间比较迟："在柯罗连科时代"他已经过了五十岁，然而他还是把生活方式改变了，或者说得更正确点，照俄罗斯的方式一下子破坏了它。他告诉我：

"我正在生病，躺在床上，我的侄子谢敏来看我。你知道吗？就是那个现在在流放地的侄子，他当时还是大学生。他说：'要不要我念书给您听？'老弟，他给我念了《玛卡尔的梦》。我居然哭了，它是那么好！一个人真能够这样地同情别人！从那个时候起我就转变了。我把我的知心朋友请来,我对他说,你这狗子,你读这个!他读了,他说这是亵渎神明。我动了气,老老实实对他说,他是个下流东西,我们从此就闹翻了。他手里有我开的期票,他便开始跟我找麻烦。可是我并不在乎,我丢开了我那个生意,我的灵魂厌弃了它。我破了产,坐了将近三年的牢。我在牢里,自己想道:不要再瞎闹了!我从牢里出来,马上就去找他,找柯罗连科,要他教导我!可是他不在城里。我便去找我们的列夫,找托尔斯泰。我'如此这般'地对他讲了。他说:'很好,完全对!'老弟,就是这么一回事!还有,戈利诺夫是怎样清醒起来的呢?也是靠柯罗连科。我还知道别的许多靠自己灵魂生活的人。我们虽然是商人,住处四面都围着高墙,可是真理也会到我们跟前来的!"

我很重视这一类的叙述,它们说明了一件事情:文化的精神有时候会走什么样的路进到野蛮部落的生活方式和风俗习惯中间。

扎鲁宾是一个胖大的老人,有一部白胡子,淡红色的胖脸上生着一对没有光的小眼睛;眼珠带黑色,而且奇怪地臌起来,就像玻璃珠子一样。他的眼睛里有一种固执的表情。他给自己制造了一个铜板的"护法者"的名声。警察局错罚了某一个居民一个铜板,扎鲁宾就递了一份呈文控告警察局的这种违法行为。两级审讯都认为他的控告理由"不能成立"。老头子就到彼得堡去向元老院①申诉,得到了一纸禁止警察局向居民索取罚款的命令;他胜利地回到尼日尼,把命令送到《尼日尼 - 诺弗戈罗德报》编辑部,要求报纸发表,可是书报检查官听从了省长的吩咐,在校样上把命令勾掉了。扎鲁宾便去找省长,问他道:

"朋友,你怎么啦?"(他对每个人都称呼"你")"你不承认法律吗?"

命令居然发表出来了。

他穿一件黑色长外衣,一顶古怪的帽子戴在他的银白色头发上,一双天鹅绒靴腰的皮靴穿在他的脚上,就这样在城里大街小巷走来走去。他胳膊下挟了一个厚厚的公事包,里面装满了"戒酒会"的章程和一大堆居民的申诉书、请求书;他想说服出租马车车夫不要用粗话骂人;他排解街上的一切纠纷;他特别注意警察的行为。他把他的这些活动称为"追求真理"。

当时著名的神甫克朗什塔特的约安到尼日尼来了;一大群崇拜约安神父的人聚集在主教礼拜堂前面。扎鲁宾走过去,问道:

"出了什么事情?"

---

① 元老院:帝俄时代的元老院有财政、行政、审判的监督权。

"人们在等克朗什塔特的伊凡①。"

"是从皇家教会来的演员吗?这些傻瓜……"

他们并不怪他;一个信教的小市民拉住他的袖子把他引到一边,严肃地要求他:

"亚历山大·亚历山德罗维奇,看在基督的份上,赶快走开吧!"

一般小市民对待他带有一种尊敬的好奇心,虽然有少数人管他叫"变戏法的",但是大多数人都把这个老头子当作他们的保护人,等待他出来创造一些奇迹,不管什么样的奇迹都好,只要它们是本地的当权者所不喜欢的。

一九〇一年我被捕坐牢。扎鲁宾当时并不认识我,他却跑去找检察官乌青,要求跟我见面。

"您是犯人的亲属吗?"检察官问道。

"我从没有见过他,也不知道他是什么样的人!"

"那您就没有探监的权利。"

"可是——你读过福音书②没有?那儿讲些什么?朋友,你要是连福音书也不知道,你怎么能够管人民呢?"

---

① 伊凡:约昂或者约翰的俄文读法。克朗什塔特的约安即约安·伊里奇·谢尔盖耶夫(1829—1908),克朗什塔特大教堂的司祭长,反动的黑帮分子的教会人士。
② 福音书:特指《新约圣经》中的《四福音书》。

然而检察官有他自己的福音书，他根据自己的福音书便拒绝了老头子的古怪要求。

不用说，像扎鲁宾这种俄罗斯人是不少的，他们经历过复杂混乱的生活，到了晚年，他们再没有什么东西可以失去的时候，就变成了所谓"爱真理者"，而实际上他们只是一些怪人。

另一个尼日尼－诺弗戈罗德的商人尼·阿·布格罗夫说的话显然意义要大得多，而且效果也更大些。他是一个很聪明的人，又是百万富翁、慈善家、旧信仰者，他在尼日尼的地位好像一位王侯一样。有一天他带着抒情的心境向我诉苦道：

"我们这些商人既不聪明，又无力量，更不机警！我们还没有把贵族从我们的背上甩掉，可是别的人又已经坐到我们脖子上面来了，就是你们那些地方自治会的人员，还有像柯罗连科那一类的领导人！柯罗连科是一位特别叫人厌恶的先生；他看起来简单朴素，可是什么人都知道他，什么地方他都进得去……"

一八九三年春天，我在长时间漫游了俄罗斯和高加索以后回到了尼日尼，当时就已经听到了这种批评。在这一段时期（将近三年）里面，符·加·柯罗连科作为社会活动家和艺术家的重要地位越来越显著了。他在反饥荒斗争中所起的作用，他对那个性情乖张的省长巴拉诺夫所持的坚强而有成效的反对态度,他"对于地方自治会活动的影响"——这些都是大家普遍知道的。那个时候他的书《饥荒年》好像已经出版了。

我还记得某一个尼日尼－诺弗戈罗德人(一个很有创见的人)对柯罗连科的批评:

"在文明国家里面,这个反对地方当局的反对派领袖就会组织像'救世军'或者'红十字会'一类的东西,——总之,是真正文化的、国际的、重要的东西。然而在俄罗斯生活的美好条件下,他一定会把自己的精力消耗在琐碎事情上面。真可惜,他是命运赐给我们这些乞丐的很贵重的礼物。这是一个非常独特的、崭新的人物,在我们过去时代中我找不到一个跟他相似,或者更正确地说,跟他同等的人!"

"您对他的文学才能怎样看法?"

"我以为他并不相信自己的力量,这是不对的!他在智慧和感情各方面都是一个典型的改革者?可是我觉得这倒妨害他正确地认识自己的艺术才能,其实他那种改革者的身份跟他的才能结合在一起,本来应当带给他更多的自信和勇气,帮助他认识自己的力量。我恐怕他并不认为自己'首先'是文学家,他把文学家跟他其它的身份一样看待……"

这些话是包包雷金①的长篇小说《衰退中》一个主人公说的。这是一个放荡的、酗酒的、受过很好教育而且非常聪明的人。他还是厌恶人类的人,完全不知道讲别人的好话,甚至连宽容也办不到。因此我更加重视他对柯罗连科的意见。

现在我再回到一八八九—九〇年去。

我并没有拜访符拉季米尔·加拉克季奥诺维奇,因为我已经说过我决心放弃写作。我只是偶尔在街上遇见他,不然就是在熟人家里会谈时见到他,他在那儿并不讲话,却静静地听别人争论。他的沉默使我着急。在我的脚底下一切都震动了,在我的四周——我看得很清楚——也开始骚动了。所有的人都很兴奋,都在辩论。这个人究竟站在什么地位上呢?然而我下不了决心到他跟前去问他:

"您为什么不做声呢?"

我的朋友们那儿有了新书:列德金的厚厚的著作、谢格洛夫的篇幅更多的《社会制度史》《资本论》,洛赫维茨基②的一本关于宪法的书,瓦·奥·克柳切夫斯基、柯尔库诺夫③、谢尔盖耶维奇等人的讲演稿的石印本。

---

① 彼·季·包包雷金(1836—1921):俄罗斯作家。
② 亚·符·洛赫维茨基(1830—1884):俄罗斯法学家、教授。
③ 尼·米·柯尔库诺夫(1853—1904):俄罗斯法学家、彼得堡大学教授。

马克思的铁的逻辑吸引了一部分的年轻人；大多数的青年却热心地读着布尔惹①的长篇小说《弟子》，显克微支②的《没有信条》，杰德洛夫③的中篇小说《沙宪卡》和一些关于"新的人"的短篇。要说这些人身上有什么新的东西，那就是他们向往个人主义的显明表示。这种崭新的趋势很受人欢迎，年轻人狂热地把它应用到实际生活上面，热烈地而且讥笑地批评所谓在解决社会生活问题上的"知识分子的责任"。

这些新出现的个人主义者中间有少数人竟然在马克思主义的决定论上面给自己找到了依据。

雅罗斯拉夫神学校学生阿·费·特罗伊次基（他后来在法国奥尔良当医生）是一个很会讲话的热情的辩论家，他说：

"历史的必然性跟教会所宣传的注定说法是一样地神秘，跟民间对于命运的信仰一样地叫人受不了的荒唐。唯物论是理智的破产，理智不能完全理解各种各样的生活现象，荒谬地把它们归结成一个极简单的原因。简单化是违反自然，而且是跟自然冲突的。自然的发展规律

---

① 保尔·布尔惹（1852—1935）：法国小说家和诗人。
② 亨利·显克微支（1846—1916）：波兰小说家，他的《没有信条》揭露了波兰贵族道德的败坏。
③ 杰德洛夫（1856—1908）：俄罗斯小说家和批评家符·列·基格纳的笔名。

是由简单到复杂,到更复杂。简单化的要求是我们的幼稚病,它只说明一件事情:理智现在还是毫无力量,不能够使现象的全部总和,乱七八糟的各种现象得到协调。"

也有一些人高兴在亚当·斯密①的利己主义的学说上找到了支持,这种学说使他们非常满意,他们就成了照寻常庸俗解释的"唯物主义者"。他们中间大多数人大概都是这样简单地辩论道:

"要是历史必然性(它通过自己的力量导引人类走上进步道路)果然存在的话,那么没有我们,事情也会照常发生。"

他们把手插在衣袋里,淡漠地吹着口哨。他们仿佛只是舌战的观众,在一边旁观,好像一群乌鸦停在篱笆上看公鸡们乱打架一样。年轻人有时候——而且次数越来越多——粗暴地嘲笑"英雄时代遗产的保管人"。对这些"保管人"我倒表示同情,他们虽然古怪,却是异常纯洁。我觉得拿他们对"人民"的倾心来说,他们倒跟圣徒差不多,"人民"就是他们的热爱、关心和努力的对象。我在他们身上看到了英雄的东西,也看到了滑稽的东西,可是我喜欢他们的浪漫主义,或者更恰当地说,社会理想主义。我看得出来他们用了非常悦目的颜色来描绘"人民",我知道他们所说的"人民"并不在这个世界上。一个目光

---

① 亚当·斯密(1723—1790):英国经济学家。他的有名著作是《国富论》。

短浅而狡猾的、自私自利的农人忍耐地活在这个世界上,凡是跟他的利益无关的事情他一概用怀疑和仇视的眼光看待;这个世界上还有一个感觉迟钝的、无赖的小市民,他的迷信和成见倒比农人的成见更有害得多;这个世界上还有一个身体结实而多毛的商人在工作,不慌不忙地替自己安排一种饱暖的合法的禽兽生活。

在互相冲突而且越来越敌对的各种意见混杂一起的中间,在注视着感情与理智斗争的时候,在这些逼着真理连忙逃避不然就会带伤躲开的战斗中间——在这个思想的骚动中间,我找不到一样"合我心意"的东西。

我经过这些风暴以后回到家里,就拿起笔记下那些在形式或者内容上给我很深印象的思想和警句,我还回想起讲话人的动作和姿势,他们脸上的表情,眼睛里的光辉;我常常看见某某人在辩论中狠狠地打击对方,"打中了要害"以后马上露出喜色,我因此有些惶惑不安而且莫名其妙。真想不到那些谈善、谈美、谈人道主义、谈正义的人居然会使用巧辩诡计,毫不顾惜彼此的自尊心,而且常常流露出有意伤人的愿望,常常流露出狂怒和仇恨来。

我缺乏那种可以从学校里得到的思维的训练,或者说得更恰当些,思维的技术;我累积了很多的材料,这些材料都需要认真的分析、研究。而做这种分析、研究的工作又需要空闲,这也是我所缺乏的。书本跟生活中间的矛盾使我很感苦恼,书本是我差不多坚决地相信的,生活又是我已经知道得相当多的。我明白我变得聪明了,可是我又觉得正是这个毁了我。就像一只粗心装上了货物的船,我朝一边倾斜。为了不要破坏合唱队的谐调,我虽然有一条听起来愉快的男高音的嗓子,我却竭力做得跟多数人一样,唱出严肃的低音;这使我非常为难,而且使我处在这样一种人的尴尬地位:这种人很想对他周围的人表示亲切和关心,可是对他自己却并不忠实。

在这里就跟在喀山、在波利索格列布斯克、在察里津一样,我观察了知识分子的生活以后,我感到惊惶不安。多数受过教育的人都过着一种艰苦的、半饥饿的、屈辱的生活,把他们宝贵的精力完全耗费在谋生的事情上面,他们就好像生活在一片知识贫乏的荒野中间。尤其使我不安的就是这个。我看见,所有这些各式各样的好人在自己的国家里面倒仿佛是外人一样,他们处在一个充满敌意的环境里,成了怀疑和嘲笑的对象。而这种环境本身又在可诅咒的、"白痴的"琐碎生活的泥沼中逐渐腐烂。

我又不明白了:为什么知识分子不更努力设法投身到人群中间去呢(我觉得那些人的空虚生活是完全无用的,那种精神的贫乏,那种古怪的厌倦,特别是彼此间那种毫不在乎的残酷无情使我十分愤怒)?

我曾经很小心地把一切可以称为不寻常的东西（像善良、大公无私、美丽等等）所留下的一点一点残余收集在一起，一直到今天在我的记忆里还鲜明地闪烁着幸福的火花——那就是在看见人没有失掉人的身份的时候。然而我在精神上感到饥饿，书本的那种有麻醉力的毒素已经不能满足我了。我需要的是合理的工作、英勇的事迹、反抗，有时候我高声叫起来：

"待不下去了！"

"从没有人阻挡过您！"尼·费·安年斯基讥讽地回答我道，他每次开口，都有一句中肯的话。

就是在这个时期我同符·加·柯罗连科有过一段很可纪念的谈话。

一个夏天的夜里我坐在奥特柯斯①的一把长凳上，这是伏尔加河一个很高的河岸，从这里还看得清楚伏尔加河左岸荒芜的草原，河水从树枝间现了出来。我完全没有注意到，也没有听见什么声音，符·加却突然在长凳上出现了，就坐在我旁边。只有在他轻轻地推我的肩膀对我说话的时候，我才知道他在这里。他说：

"看您想得出了神！我打算揭下您的帽子，又怕吓坏了您！"

---

① 奥特柯斯：本来是"斜坡"的意思，这是尼日尼附近，伏尔加河岸边的一个地方。

他的住处远,在这个城的另一头。已经过了早晨两点钟了。看得出来他很倦,坐在这儿,鬈曲的头发上没有帽子,他正在用手帕擦脸。

"您散步很迟。"他说。

"您也是。"

"是的,我应当说:我们散步!您好吗,干些什么事情?"

讲了几句无关紧要的话以后,他就问道:

"我听见人说,您参加了斯克沃尔左夫的团体。这是个什么样的人?"

巴·尼·斯克沃尔左夫当时算是一个精通马克思学说的人,他就只读过《资本论》,而且以此自豪。彼·贝·斯特鲁威①的《批评随录》出版前一两年,他在律师谢格洛夫的客厅里宣读了一篇论文,论文的基本思想跟斯特鲁威后来发表的相同,不过(我记得很清楚)措词更尖锐些。这篇论文使得斯克沃尔左夫处在一种异教徒的地位,可是这并没有阻止年轻人聚在他的四周,集成一个小团体;这个小团体的多数成员后来在社会民主党的组织中起了很大的作用。斯克沃尔左夫的确是

---

① 彼·贝·斯特鲁威(1870—1944):俄罗斯资产阶级经济学家,政论家和哲学家,所谓"合法的马克思主义者"的代表人物。十月革命后以白俄身份住在外国,一直到死。

"不属于这个世界"的人。他是一个禁欲者,不论在冬天或者夏天,他上街总是穿一件薄大衣和一双破靴子,从来不让自己吃饱,而且一直在打算"节约",他一连几个星期就只吃砂糖一种,规定每天吃八分之三磅砂糖,不多也不少。这种所谓"合理的定食"的实验弄坏了他的身体,结果引起了严重的腰子病。

他身材短小,外貌也极寻常,可是一对浅蓝色的眼睛常常带着幸福的微笑,好像他这个幸福的人完全找到了真理,这真理除了他以外任何人都不会找到。他对所有跟他不同信仰的人也不过表示一点轻视、怜悯,他并不侮辱他们。他抽着用廉价烟草卷得很粗的纸烟,而且插在将近十维尔学克①长的竹烟管里面抽,他不抽烟的时候就把竹管别在裤腰带上,好像它是一把短刀。

我看到巴威尔·尼古拉耶维奇②在一群大学生中间,这些年轻人在向一位非常漂亮的年轻女客大献殷勤。斯克沃尔左夫也跟这班花花公子一起,缠住那个小姐,他拿着那根长烟管显得又气派,又可笑,在窒息人的灰色烟雾中他自己也是一身灰色。他站在一个角落里,他的身影在火炉的白瓷砖的背景上显得很分明,他从容不迫地用旧信仰者那种解释圣书的调子,吐出一大堆否定诗、

---

① 维尔学克:长度的计量单位。一维尔学克等于四点四五公分。
② 巴威尔·尼可拉耶维奇:斯克沃尔左夫的名字和父称。

音乐、戏剧与跳舞的严厉的话,把美人包围在烟雾里面。

"苏格拉底早就讲过,娱乐是有害的!"他坚决地说。

文雅的褐色头发的美女穿一件白色薄纱的短外衣,在听他讲话;她卖弄风情地摆动她那双好看的小脚,勉强做出很有礼貌的样子,用她那对美丽的黑眼睛望着这位圣贤——不用说,一定是雅典美人用来望翘鼻子的苏格拉底的那种眼光。这眼光默默地然而很能打动人地问道:

你马上就住口,马上就走吗?

他向她证明柯罗连科是一个最有害的理想主义者和玄学家,而一切文学作品(他从来不读文学作品)"都企图使民粹主义①的腐烂了的尸首复活起来"。这样地证明了以后,他终于把竹烟管插在腰带里面,胜利地走了。小姐送走了他,便疲乏地(不用说,姿势也很美)坐倒在长沙发上,诉苦地大声说:

"天呀,这不是人,这是——坏天气!"

符·加带笑地听完了我的故事,眯起眼睛望着河水,最后亲切地小声说:

"您不要着急地挑选信仰,我说——挑选,因为我觉得现在一般人并不肯花功夫取得信仰,却只是挑选它。所

---

① 民粹主义:十九世纪六十年代到七十年代在俄国产生的小资产阶级唯心主义的思想体系。早期的民粹派基本上是农民革命者,反对自由资产阶级。但从八十年代起,民粹派就趋向反动,成为富农利益的代表和马克思主义的敌人。

以唯物主义很快地就流行起来了，它简单易懂，很能引动人。对那些懒于独立思考的人它特别有吸引力。那些花花公子更高兴接受它，他们喜欢一切新的东西，并不管这些东西是否适合他们的性情、趣味同渴望等等……"

他带着沉思的样子说话，好像是在跟自己讲话一样；他偶尔停顿一下，听听下面河岸上什么地方排汽管的喷汽声，水面上汽笛在叫了。

他又说，任何企图解释生活现象的合理的尝试都是值得注意和尊敬的，不过我们应当记住"生活是由无数古怪地缠结在一起的曲线构成的"，"很难把它放到合乎逻辑体系的正方形里面去"。

"要把这些曲线，这些人类活动与关系的交叉的线弄得比较有秩序，这也是不容易的。"他叹口气说，拿帽子对着他的脸搧了一阵。

我喜欢他的简单的话和亲切的、沉思的调子。然而他那些关于马克思主义的话实际上我早已听见过，不过字句不一样罢了。我看见他闭上嘴休息的时候，连忙问他：他怎么会这样稳，这样安静？

他戴上了帽子，望着我的脸，含笑地答道：

"我知道我应当做些什么，我相信我所做的事情有益处。不过——您为什么要问我这个？"

我便对他讲起我的疑惑和不安来。他离开我一些，略微俯下身子，这样看我的脸更方便，他不做声，注意地听我讲下去。

后来他轻轻地说：

"您讲的话有不少是事实。您很会观察……"

他微微一笑，把手放在我的肩头。

"我从没有想到这些问题会使您苦恼。人们跟我谈起您，总以为您是另一种性格的人……快乐，粗野，而且仇恨知识分子……"

他异常热烈地谈起知识分子来。他说，在任何时候和任何地方，知识分子都脱离了人民，然而这正是因为他们走在前头，他们的历史的使命就是这样。

"这是一切人民发酵的酵母，这是任何新建筑物基础的第一块石头。苏格拉底、乔尔丹诺·布鲁诺①、伽利略、罗伯斯庇尔、我们的十二月党人、别罗夫斯卡雅、热里

---

① 乔·布鲁诺（1548—1600）：意大利思想家和无神论者，受到宗教裁判，被烧死。下文的加·伽利略（1564—1642）：意大利天文学家和物理学家，因发展哥伯尼关于地球运动的学说，被罗马天主教法庭判罪。马·罗伯斯庇尔（1758—1794）：法国资产阶级革命活动家，在反革命派发动的"热月政变"中被捕，死在断头机上。十二月党人：一八二五年十二月发动武装起义反对沙皇统治的俄罗斯贵族革命者，起义失败后五个领袖被处绞刑，一百多人流放到西伯利亚做苦工。索·里·别罗夫斯卡雅（1853—1881）：俄罗斯女革命家，民意党的领导人之一，因参加刺杀沙皇亚历山大二世案件被处绞刑。安·伊·热里雅包夫（1850—1881）：俄罗斯民粹派革命家，民意党的领导人之一，曾参加暗杀亚历山大二世的计划，在事前被捕，后与别罗夫斯卡雅及其他三位同志同时受绞刑。

雅包夫以及所有现在在流放地上挨饿的人，还有那些就在这个夜里埋头读书准备为正义战斗，不用说，首先准备坐牢的人，这都是最活跃的生命力，而且是它的最敏感、最锋锐的武器。"

他激动地站起来，在长凳前面来回走着，继续说下去：

"第一个知识分子出现的时候，人类就开始创造自己的历史了。普罗米修斯①的神话就是那个能够取到火的人的故事，这样一下子就把人跟兽分别开了。您正确地看到了知识分子的缺点，读死书，脱离生活，——然而还可以问：这究竟是不是缺点呢？有时候为了看得更清楚，倒应当离远些，而不是靠近。我认为自己的经验比您的多，所以我向您进个朋友的忠告，要紧的是多多注意别人的长处！我们大家都喜欢找别人的缺点，这是很简单的事情，而且对于我们每个人也并非无利可图。伏尔泰②虽然有天才，却是一个坏人，然而他做了一件伟大的事情：

---

① 普罗米修斯：希腊神话中巨人之一，他从神那里盗出火来，传给人类，因此受到大神的处罚。

② 弗·马·伏尔泰（1694—1778）：法国作家、哲学家和启蒙学者。他曾经平反了不少的冤案，有的甚至花了十年的长时间。最著名的案子是让·加拉斯（六十岁的老人，判刑后被铁条击死）、拉·马尔（十九岁，判刑后被砍去四肢烧死）、西尔文和蒙伯侬等四件。他替加拉斯和拉·马尔雪了冤，救了西尔文和蒙伯侬的性命。

他替冤枉判罪的人辩护。我不提他所破坏了的那一切恶毒的偏见,我只说他坚决地辩护一件明明没有希望胜诉的案子——这是多么伟大的行为!他懂得,人首先应当是一个有人性的人。正义是不可缺少的东西。当正义从小小的火花渐渐地燃成大火的时候,这火就会把地上的一切谎话和肮脏东西烧得干干净净,只有在那个时候生活才会改变它那种痛苦、悲惨的面貌。我们不要顾惜自己,也不要顾虑任何人和任何事情,要坚决地使正义在生活中实现,——这就是我的想法。"

他显然很疲倦,他谈了很久了,他又在长凳上坐下来,仰望着天空,说:

"现在已经迟了,也可以说是很早,天亮了!看样子要下雨。应该动身回家了。"

我的住处很近,他的家离这里有两维尔斯特的光景。我表示要送他到家,我们就在这个进入了睡乡的城市的街上走着,在我们的头上是黑云密布的天空。

"啊——您在写什么吗?"

"没有写。"

"为什么不写?"

"没有时间⋯⋯"

"可惜。这不对。您要是真想写的话,您会找到时间的。我真正以为——我觉得,您有才能。您情绪不好,先生……"

他讲起了那个非常好动的格列布·乌斯宾斯基的事情,可是突然下起了夏天的暴雨,把整个城罩在灰色的网里面。我们站在人家的大门口躲雨,过了几分钟,看见雨一时不会停,我们就分手了……

符·加·柯罗连科①

我从梯弗里斯回到尼日尼的时候,符·加·柯罗连科在彼得堡。

我没有工作,就写了几篇很短的短篇小说,投寄给来因哈德②的《伏尔加导报》,这个报纸因为经常得到符·加的支持,成了伏尔加一带地方影响最大的报纸。

这些短篇小说作者的署名是玛·高·或格-伊③,它们很快地刊出来了,来因哈德给我寄出一封够恭维的信,和一堆钱,三十卢布的光景。不知道当时为了什么缘故(我现在记不起来了),我小心谨慎地隐瞒着我写作的事情,连那些跟我很亲近的人,连尼·扎·瓦西里耶夫④和

---

① 同《柯罗连科时代》(参看第一五五页注)。
② 尼·维·来因哈德(1842—1905以后):俄罗斯作家,在喀山当过律师,兼任《伏尔加导报》编辑。
③ 原文是 М·Г·或 Г—ИЙ。
④ 尼·扎·瓦西里耶夫(1868—1901):高尔基曾称他为"我的朋友和先生"。

亚·伊·拉宁也不给知道。我并不觉得这些小说有多大的意义，因此也没有想到它们会决定了我的命运。可是来因哈德把我的名字告诉了柯罗连科，所以符·加刚从彼得堡回来，就有人来通知我说他想见我。

他仍然住在城边上建筑师列姆凯的那所木房子里面。我正赶上他在临街的小屋子里喝茶，窗台上和角落里都摆着鲜花，到处都是成堆的书报。

他的妻和孩子们喝过了茶，正要出去散步。他看起来比以前更结实，更有自信心，而且头发也更鬈了。

"我们刚刚读了您的《金翅雀的故事》①——您瞧，您的东西开始登出来了，给您道喜！原来您很固执，老是写讽喻。说真说，讽喻也是好的，只要它俏皮；而且固执也不是缺点。"

他还说了几句亲切的话，一面眯起眼睛看我。他的前额和颈项给夏天的日光晒得很黑，胡子也现白色了。他穿一件蓝布衬衣，上面系了一根皮带，黑色裤子的裤管插在靴筒里，看起来他好像刚从远方赶来，马上又要动身似的。他的一双安静、聪明的眼睛显得很快乐而且精神饱满。

我对他说，我还写了几个短篇，有一篇在《高加索

---

① 《金翅雀的故事》：全名《关于撒谎的金翅雀和爱真理的啄木鸟的故事》，一八九三年九月在《伏尔加导报》上发表。

报》上发表了。

"您一篇也没有带来?真可惜。您写得很有独创性。您的东西并不是完全安排得妥当的,粗糙,可是——有趣味。听说——您步行了好多地方,是吗?我也是,差不多整个夏天,就在伏尔加河那一面,克尔热涅茨河同维特鲁卡河一带逛。您到了些什么地方呢?"

我把我的路程对他简短地描写了一番,他称赞地叫起来:

"啊哟!真是很好的旅行!怪不得您在这——将近三年的中间变得这么老成了?您一定积蓄了很大的力量吧?"

我刚刚读完了他的短篇小说《嬉闹的河》①,小说的内容和文章的美使我非常喜欢,我正有一种感谢作者的心情,便兴奋地谈起这篇小说来。

据我看来,在摆渡人九林这个人物身上,柯罗连科写出了理解得极其真实而且描写得非常出色的"一小时的英雄"的农民典型。这种人可以忘掉自己地、而且简单自然地做出宽宏大量的事情,但是接着马上就把老婆打得半死,拿棍子打破邻居的脑袋。他可以用温和的笑容和无数跟花一样新鲜的倾心的话迷住你,可是一下子

---

① 《嬉闹的河》:副题为《旅途画册中的素描》,柯罗连科一八九一年在维特鲁卡河上归途中写成的短篇小说。下文所述九林是小说的主人公。

又无缘无故地用他那穿泥靴子的脚踢你的脸。他能够像柯齐玛·米宁①那样组织人民运动，然而后来就——"醉得一塌糊涂"，"喂虱子"。

符·加听完了我这乱七八糟的谈话，他并不打断我的话头，却注意地在观察我，这使我很窘。他有时闭着眼睛拿手掌轻轻地拍桌子，以后他又离开椅子站起来，背靠着墙，高兴地笑着说：

"您说得过份了。我们简单地说：这篇小说不错。这就够了。我不瞒您——我自己也喜欢它。不过一般农民是不是像九林那样，——这我就不知道了！然而您瞧，您讲得多好，明白，生动，语言有力量，——现在轮到您来听我恭维您了。我觉得您看得多，也想得不少。为了这些我诚心诚意地祝贺您。诚心诚意地！"

他伸给我那只掌心生了茧子的手——这些茧子大概是桨或者斧子造成的，他喜欢劈柴和一般的体力劳动。

"好吧，给我讲讲您看见了些什么。"

我讲的时候曾经提到我在路上遇见各种各样的"寻找真理的人"，——他们成群结队地从这个城走到那个城，从这个寺院走到那个寺院，俄罗斯的交叉、曲折的道路

---

① 柯·米宁：俄罗斯的爱国者，尼日尼－诺弗戈罗德的商人，一六一一年至一六一二年俄罗斯人民武装的组织者，他跟波查尔斯基公爵一起保卫莫斯科，击退了波兰的侵略军队（死于一六一六年）。

上都有他们的脚踪。

柯罗连科一面从窗口望街道，一面说：

"他们大都是游手好闲的人。是自私得叫人讨厌的不中用的英雄。您没有注意到他们差不多全是恶人么？他们大多数人寻找的决不是'神圣的真理'，却是得来不费力的面包和养活他们的人。"

他这几句安安静静地说出来的话，使我马上看见了我已经朦胧地感觉到的真理，把我打动了。

"他们里面有很会讲故事的人，"柯罗连科继续说，"这些人的语言很丰富。有的人讲起话来就像用丝线绣花一样。"

"寻找真理的人"，"上帝之国的寻求者"——这是民粹派传记文学中喜爱的英雄，可是现在柯罗连科却称他们为游手好闲的人，甚至于说他们是恶人！这样的话听起来大有亵渎神圣的味道，然而符·加说这种话是经过了考虑而且是有决心的。他的话使我更加感觉到这个人的精神的独立性。

"您到过沃雷尼和波多里雅吗？那儿多美啊！"

我把我跟克朗什塔特的约安的勉强的谈话对他讲了，他起劲地嚷起来：

"您觉得他怎样？他是个什么样的人？"

"他是个有真诚信仰的人，他就像正直而心肠好的普通乡村教士那样地相信。我有这么一个印象：他的名声叫他自己也害怕，它重重地压在他的身上，他已经担不起了。我觉得他身上有一种意外的东西，而且他好像不是按照自己的意志在行动似的。他一直在问他的上帝：'主啊，这样对吗？'他老是害怕：这样不对！"

"这种话倒难得听见。"符·加沉思地说。

以后他自己就讲起他跟路科扬诺夫的农民们和克尔热涅茨的分离派教徒们的谈话来，他讲得很出色，用了机警而深刻的幽默，把对方的话里面那种愚昧同狡猾结合在一起的有趣的地方着重地提出来，而且巧妙地指出农民的健全的理解力和他们对陌生人的小心谨慎的怀疑。

"我有时候想，像我们俄罗斯这样多种多样的精神生活在世界上没有一个地方找得到。然而即使不是这样，无论如何，在我们的有思想、有信仰的人们中间，性格是多样的，种类多得无限，而且没法归在一起。"

他着重地谈起对农村精神生活应当细心研究这样一件急需的事情。

"这并不是民族志所能够解决的，应当用另外的方法更近地、更深刻地去接触这个问题。农村是我们大家在那儿生长的土壤，可是在那儿也长了不少的蒺藜和没有用的野草。我们应当小心地同时也要有毅力地把'理性，善良，持久'的种子播在这个土壤上。就在这个夏天，我跟一个一点也不傻的年轻人谈过话,可是他一本正经地要我相信,农村的富农阶级是个进步的现象。因为据他说,富农积蓄资本,而俄罗斯应当成为一个资本主义的国家。要是这样一个宣传家跑到农村去的话……"

他笑了起来。

他送我出来的时候,再一次祝我成功。

"那么您以为——我可以写作吗?"我问道。

"当然啊!"他有点诧异地大声说。"您不是已经写了,而且发表了吗?要是您想听我的意见,您把稿子带来,我们谈谈……"

我离开他的时候精神非常爽快,就像人经过了一整天的炎热和极度的疲劳以后,在林中小溪的凉水里洗了澡一样。

符·加·柯罗连科虽然唤起了我对他的极大的尊敬心,可是不知道为了什么我并不喜欢这个作家,这使我非常难过。大概因为在那个时候教师和老师们已经叫我有点厌烦了,我很想离开他们休息休息,只要跟一个好人在一起像朋友一样亲切随便地谈谈那个把我折磨得厉害的问题。可是等到我把我一大堆印象的材料拿到教师们那里去的时候,他们总要按照那种政治–哲学店的样式和传统(他们自己就在那种店里做剪裁匠和裁缝)来剪裁它,来缝它。我觉得他们实在没有别样的剪裁和缝的本领，不过我明白他们把我的材料糟蹋了。

两个星期以后，我把我的《渔人和仙女》的童话和我刚刚写好的短篇小说《伊则吉尔老婆子》的手稿带给符·加·柯罗连科。符·加不在家，我留下了手稿。第二天我得到他的字条："晚上请来谈谈。符拉·柯罗。"

他在台阶上迎接我，手里还拿着斧子。

"您不要以为这是我的批评的武器，"他挥着斧子说，"不是的，我刚刚安好了贮藏室里的搁板。不过——等着您来：砍一些头……"

他的脸上现出和善的颜色，眼睛带着愉快的微笑，而且身上发出来平常在善良、健康的俄罗斯乡下女人那儿闻得到的新烤面包的香味。

"我写了一个整夜，可是吃过中饭我就睡了。等我醒过来，我才觉得：我还得干点事情"。

他现在不是我两个星期以前看见的那个人了。我在他身上找不到一点教师和老师的影子。我面前这个人是对全世界都很关心而且像朋友一样亲切的好人。

"先生，现在，"他从桌子上拿起我的稿子，在他的膝上拍了拍，一面说，"我读过了您的童话。倘使写这篇童话的是一位小姐，她念缪塞①的诗念得太多，念的又是我们可爱的老太太梅索夫斯卡雅的译本，那么我会对她

---

① 阿·缪塞（1810—1857）：法国浪漫主义诗人和小说家。

说:'这不坏,不过您还是结婚的好!'可是像您这样一个粗野的高大个子,写出这种娇嫩的诗句,——这是丢脸的事情,无论怎样说,都是犯罪。这是什么时候弄出来的?"

"还是在梯弗里斯的时候……"

"原来这样!您有厌世主义的味道。请您记住:对待爱情的厌世主义态度是人到了某一种年龄就会有的病,这种理论是跟实际冲突得最厉害的。我们了解你们这些厌世主义者,我们已经听见过你们的一些事情。"

他狡猾地对我闪闪眼睛,笑了起来,又正经地说下去:

"在这首安魂曲里面可以发表的只有那些诗。它们有独创性,我要给您发表。《老婆子》①写得好些,认真些,不过——还是那句老话——讽喻。它们不会把您引到好的地方去!您坐过牢吧?唔,您还要进去的!"

他一边翻我的手稿,一边在想什么:

"多古怪的东西!这是浪漫主义,可是它——早已死掉了。我非常怀疑这个拉撒路②有没有复活的价值。我觉得您好像不是用自己的声音在唱歌。您是现实主义者,

---

① 《老婆子》:指高尔基的短篇小说《伊则吉尔老婆子》。
② 拉撒路:指伯大尼的拉撒路。《新约·约翰福音》中说,拉撒路病死,葬在坟墓里,耶稣叫他复活。

不是浪漫主义者,是现实主义者!特别是讲到波兰人的那个地方,① 我觉得那是完全私人的东西——对不对?"

"也许是。"

"哈哈,您瞧!我刚刚——说过:我们知道一些您的事情。可是——私人的东西,这是不能要的,您得把它去掉!我说私人的东西,我指的是狭义的。"

他讲话爽快,高兴,他的眼睛亮得可爱,——我越来越惊讶地望着他,好像我是头一次看见他一样。他把手稿扔在桌子上,身子移到了我跟前,一只手放在我的膝盖上。

"您听我讲,——我可以不客气地跟您谈谈吗?我知道您的事情少,听到您的事情多,我也亲眼看见了一些。您的生活不好,这个地方跟您不相宜。据我看,您应当离开这儿,再不然就找一个相当聪明的好姑娘结婚。"

"可是我已经结了婚了。"

"这就糟了!"

我说,我没法谈这个题目。

"哦,请您原谅。"

他开始讲起笑话来,过后突然耽心地问道:

"啊!您知道罗玛斯被捕了吗?很久了吗?原来是这样。我昨天才知道。在什么地方?在斯摩棱斯克?他在

① 见《伊则吉尔老婆子》的第二节。

那儿干什么呢?"

在罗玛斯的屋子里,他创办的"民权派"秘密印刷所给破获了。

"他是个好动的人,"符·加沉吟地说。"现在——又会把他送到什么地方去的。他怎样——身体好吗?他原先身体很结实……"

他叹一口气,耸了耸他的宽肩头。

"不,这完全不行!走这条路是没有结果的。阿狄斯列夫①的事件就是一个好教训,它让我们知道:应当做粗重的、合法的工作,日常的、文化的事业。专制政治是一颗有病而又坚固的牙齿,它的根又多又深。我们这一代人还拔不掉这颗牙齿,——我们应当首先摇松它,可是这就需要几十年的合法的工作。"

这个题目他谈得很久,我感觉到他在讲他自己的热烈的信仰。

阿符多季雅·谢美诺夫娜回来了;孩子们闹嚷起来。我便告辞走了,心里非常高兴。

我们大家都知道,住在外省就好像在玻璃罩子下面一样——你的事情别人全知道,他们知道你星期三下午

---

① 阿狄斯列夫:住在莫斯科的著作家,他和米阿科夫组织团体,从事革命宣传,并散布秘密出版物。阿狄斯列夫写过《给饥饿农民的第一封信》,由团体散发。米阿科夫在一八九二年三月被捕。

两点钟光景在想什么，星期六彻夜祈祷式以前又在想什么；他们知道你暗中的打算，倘使你不承认人们预言一般的揣测和先见，他们就会大大地生气。

不用说，全城的人都知道了柯罗连科待我很好，因此我不得不常常听到这一类的劝告：

"您当心，这班聪明人会把您弄糊涂的！"

这是暗指当时很流行的彼·季·包包雷金的短篇小说《变聪明了》，这篇小说写一个革命家在地方自治会担任合法的工作，他后来丢了雨伞，老婆离开了他。

"您是民主主义者，您跟将军们学不到什么的，您是人民的儿子！"他们开导我说。

然而我早已觉得我不过是人民的继子，这种感觉越来越强。而且我还说过，在我看来连那些人民的崇拜者也跟我一样是人民的继子。我指出这一点的时候，他们就向我嚷起来：

"您瞧，您已经受到传染了！"

雅罗斯拉夫高等法政学校一群学生请我参加一个小小的宴会，在我给他们念点什么的时候，他们偷偷地把伏特加倒进我的啤酒杯子里，不让我看见。我看到了他们小小的诡计，明白他们想把我灌得"酩酊大醉"，可是我始终想不出——他们为什么要这样做？他们里面一个自高自大的害肺痨病的人向我进过忠告：

"主要的是——把什么思想啦,理想啦,以及所有这类的胡说八道全扔到垃圾堆去!老老实实地写吧!打倒思想!……"

我觉得这种劝告实在讨厌得叫人受不了。

符·加·柯罗连科跟一切有名望的人一样,遭受到当地居民的种种麻烦。有的人认真地佩服他对别人的关心,便想尽方法要把这位作家拉进他们私人琐碎的无聊事情里面去;另外的人却把他当作随便中伤的对象。我的一些熟人就不大喜欢他的短篇小说。

"您那位柯罗连科好像居然相信上帝呢。"他们对我说。

不知道为什么缘故他们特别不喜欢短篇小说《在圣像后面》,他们认为它至多不过是"民族志"罢了。

"巴威尔·雅库希金①也是这样写的。"

他们断定小说主人公皮鞋匠的性格是从格·乌斯宾斯基的《拉斯捷里雅耶夫斯卡雅街的风气》里拿来的。所有这类的批评使我想起一个伏罗涅日的修士司祭来,他听完了关于米克路霍-马克来②的旅行的非常详细的故事,不了解,生气地问道:

---

① 巴·伊·雅库希金(1820—1872):俄罗斯民族志学者,民间创作的搜集者,民粹派作家;他写过一些取材于人民生活的短篇小说。
② 尼·尼·米克路霍-马克来(1846—1888):俄罗斯人类学者和旅行家。

"请原谅,您说:他带了一个巴布亚人到俄罗斯来。然而——为什么单单带巴布亚人呢?而且——为什么又只带一个呢?"

一天大清早,我在野外散步了一个整夜回来,碰见符·加正在他们家的台阶上。

"从哪儿来?"他惊讶地问道。"我正要去散步,今天早晨太好了!您跟我一块儿去吗?"

看得出他也是整夜没有睡觉:眼睛又红又干燥,而且带着疲倦的神情,胡子乱成一团,衣服也不整洁。

"我在《伏尔加人》上读到您的《阿尔希普爷爷》①,——这篇东西不坏,它可以在杂志上刊载的。这篇小说发表以前您为什么不拿给我看看?您为什么不到我这儿来呢?"

我说,那天我向他借三个卢布,他拿背朝着我一声不响地递过钱来,他的态度引起了我的反感。我受不了这个。向人借钱原本是一件不愉快的事情。我只有在实在有急需的时候才开口。

他想了想,皱起眉头说:

"我记不起来了!既然您说有这样的事,那一定是有

---

① 《阿尔希普爷爷》:指高尔基的短篇小说《阿尔希普爷爷和廖恩卡》,在一八九四年二月出版的《伏尔加人》报上发表,连载了五期。

过的。不过您得原谅我的疏忽。可能是我心境不好,近来我常常是这样。一下子我就想起什么来了,好像我掉在井里似的。什么也看不见,什么也听不见,可是我还很注意地在倾听什么声音。"

他挽住我的胳膊,望着我的眼睛,说:

"把这个忘掉吧。您没有不高兴的道理。我对您有好感。可是您生气了,老实说,这倒不坏。我们平常不太容易生气,这并不好!得啦,我们忘掉吧。我要跟您讲的是:您写得多,写得匆忙;在您的短篇里常常看到不完全、不清楚的地方。在《阿尔希普》里面,就是在描写下雨的地方,又是诗,又是有韵的散文。这不好。"

他又详细地谈我的别的短篇谈得很多。显然我发表过的作品他非常注意地全读过了。不用说,这使我十分感动。

"我们应当互相帮助,"他回答我的感谢的时候这样说,"我们人数不多!而且我们都很困难。"

他压低声音问我:

"您是不是听说过真有个叫伊斯托米娜的姑娘给牵连在罗玛斯他们的案子里面?"

我认识这个姑娘,她从平底小木船船尾头朝下地跳到伏尔加河里的时候,我把她拖出水来,这样就跟她认识了。拖她出水来也很容易,原来她是在极浅的地方投水的。这是个平凡而愚蠢的家伙，她有点歇斯特里，并且爱撒谎成了病。她后来好像在斯托雷平①的沙拉托夫的家里当家庭教师，这个大臣在阿普捷卡尔岛上的别墅被最大限度派②用炸弹炸毁的时候，她跟别的人一块儿给炸死了。③

符·加听完了我讲的这个故事，差不多生气地说道：

"把像这样的小孩子拉在有危险的事情里面，这是犯罪。我大约在四年前或者更早些时候见过这个姑娘。我觉得她并不像您所描绘的那样。她不过是个可爱的小姑娘，让生活的显著的不公平弄昏了头脑；她本来很可以成为很好的乡村小学教师。据说她在审问的时候讲得太多是不是？可是她能够知道些什么呢？我不能够同意把小孩子当祭品献给政治的偶像……"

他放快了脚步；可是我的腿有病，走起路来一颠一跛的，我落在后面了。

"你怎么啦？"

"风湿病。"

"早了一点！据我看，您讲的关于那个姑娘的话完全

---

① 彼得·斯托雷平（1863—1911）：帝俄的反动政治家，做过沙拉托夫的省长、俄国内务大臣和首相，一九一一年被最大限度派暗杀。
② 最大限度派：社会革命党的极左派。
③ 这是一九一一年的事。这篇回忆是在一九二二年年初写成的。高尔基跟柯罗连科谈话在一八九四年。

不对。不过，一般说来您很会讲故事。您听我说——您试试写一点更大些的东西在杂志上发表。正是时候了。他们会把您的东西在杂志上登出来的，我希望以后您对自己更认真些。"

这是一个晴朗的早晨，刚刚接连下过两天的雨，我们在清新的田野中谈话，我记不起来他以前有没有过跟我谈得这么令人神往。

我们在靠近犹太公墓的峡谷的边上坐了好久，欣赏草上和树叶上那些绿宝石一般的露珠，他对我讲起"犹太居住区"犹太人的悲喜剧的生活，可是在他的眼里越来越浓地出现了疲劳的影子。

我们回到城里，已经是早晨九点钟了。他跟我告别的时候，还提醒我：

"那么，您要动手写长的小说了，决定了吗？"

我到了家马上坐下来写《切尔卡希》，在尼科拉叶夫城医院里睡在我旁边病床上的敖德萨流浪人的故事；我写了两天就写好了，把小说的草稿送到柯罗连科那里。

过了不多几天，他带着几个受了谁欺侮的农民来找我的老板[①]。他诚恳地（只有他才能够做到这样诚恳地）祝贺我：

"您写出了不坏的东西。它还是一篇真正好的短篇小

---

① 老板：指律师拉宁。

说！真是一气呵成……"

他的称赞使我非常窘。

晚上，在他的小小的书房里他跨在椅子上，兴奋地讲话：

"的确不坏！您会创造人物，您那些人照自己的意思，照自己的本性说话、行动；您能够自己不插进他们思想的流动同感情的活动里面，这不是每个人都办得到的！您最好的地方就是，您按照人的本来面目那样地尊重他。我早就对您说过了，您是个现实主义者！"

他想了想，又带笑地加上两句：

"同时，您还是个浪漫主义者！还有，您在这里不过坐了一刻钟，您就已经在抽第四支烟了。"

"我很兴奋……"

"不必要。您常常会激动，明明是因为这个，人们才说您喝酒喝得多。您身上骨头多，肉少；您抽烟，实在没有必要，而且也不是享受，——您究竟有什么事情？"

"不知道。"

"那么说您爱喝酒，不可靠吗？"

"这是捏造的。"

"而且说您是在家里请客喝酒……"

他哈哈地笑起来，注意地望着我，一面对我讲了些编造得很好的关于我的谣言。

然后他说了些使我不能忘记的话：

"要是谁稍微朝前面探出头去，就一定有人打他的脑袋。这是彼得堡一个大学生的名言。得啦，不要把这种无谓的闲话放在心上，即使它们是恭维您的。我们要把《切尔卡希》发表在《俄罗斯财富》①上面，而且放在头一篇，这是一种尊重和荣誉。在您的原稿上有几个地方不合文法，对作品很有害处，我把它们改正了。别的地方我一点儿也没有动过，——您要看一下吗？"

不用说，我拒绝了。

他在这间窄小的屋子里来回走着，搓着手，对我说：

"您的成功使我快乐。"

我感觉到这种快乐里面有着非常吸引人的真诚，我赞美这个把文学当作自己始终沉静而深切地爱着的女人一样来谈论的人。我同这个"领港人"在一块儿的这段时间使我感到永远不能忘记的幸福，我默默地望着他的眼睛——他那双眼睛里充满着那么多的为别人而产生的亲切的快乐。

这种为别人而产生的快乐是人们极少经验到的，然而它却是世上最大的快乐。

柯罗连科在我面前站住了，把他那两只粗重的手放

---

① 《俄罗斯财富》：一种综合性的杂志，一八七六年创刊，一九〇六年被禁。柯罗连科担任过这个月刊的编辑。

在我的肩头。

"听我说，您要不要离开这儿？比方说到沙马拉去。那儿的沙马拉报社里有我的一个熟人。您要不要我写信去叫他给您找个工作？我可以写吗？"

"是不是我在这儿妨碍了什么人？"

"是别人妨碍了您。"

他分明地相信了那些关于我酗酒，我"在浴室里狂饮"，总之我的"堕落"生活的故事，认为这种堕落生活的主要原因是贫穷。符·加一定要我离开这个城市的固执的劝告使我有点不高兴，可是同时他想把我从"罪恶的深处"救出来的愿望打动了我的心。

我感动地对他说明我怎样地生活；他默默地听着，皱了皱眉毛，耸了耸肩头。

"可是您自己应当看出来，这一切是完全不行的，而且所有这种异想天开的东西对您都不合式！不，听我说罢。您应当离开，改变一下生活……"

他说服我照他的话做了。

以后我用了这个好笔名"伊叶古季尔·赫拉米达"每天在《沙马拉报》上写些很坏的杂文，柯罗连科寄了信来，批评我这个该挨骂的工作，他的口气虽然是嘲笑的，警告的，严厉的，但也总是友好的。

下面这件事情我记得特别清楚：

一个有着"斯库金"①这个命中注定的姓的诗人缠得我厌烦透了。他把他的诗寄了几沙绳到编辑部来，这些诗不通到了没法修改的程度，而且非常粗俗，都是不可能发表的。求名的心使这个人想出了一个独创的方法：他把自己的诗用粉红色的纸印成活页，分送给本地各茶食店，店员们用它们来包茶叶袋、糖果盒、食品罐头、香肠，这样一来居民们买了东西以后就得到半阿尔申②长的诗的赠品，这些诗庄严地歌颂了地方的当局、贵族代表、省长、主教。

所有这些人都是各式各样的著名人物，而且是十分值得注意的，然而其中最出色的要算是主教：他强迫给一个鞑靼少女施行洗礼，几乎引起整个乡的鞑靼人起来暴动；他还对鞭身教徒③进行了毫无道理的诉讼，这些没有一点罪的人都给判了刑，这是我完全知道的。他的最出名的功劳就是这样的一件事：有一回，他在阴天里视察他的辖区，在一个荒凉的小村子附近，他的轿式马车坏了，他不得不走进一家农人的小屋去。他看见屋子里

---

① "斯库金"：译意，讨厌的。
② 阿尔申：旧俄尺度单位，一阿尔申等于〇点七一一公尺。
③ 鞭身教徒：一个宗教的教派。

圣像龛旁边地板上有一个石膏塑的宙斯①的头,不用说,这引起了他的注意。他仔细打听,又去看过别的一些农家,他发现还有几个农民也有奥林普斯②主神的像和女神维纳斯③的小立像。可是没有人肯讲出来他们从哪里得来这些神像。

在主教的眼里这已经足以构成崇拜古罗马诸神的沙马拉偶像崇拜教派的刑事案件了。这些崇拜偶像的人给捉起来关在牢里,他们在牢里一直坐到事情调查清楚的时候。原来他们杀死了而且抢劫了一个从维雅特卡兵士镇上来的贩卖石膏像的商人;他们杀死商人以后就友好地分掉了他的货物——就只有这么一回事。

一句话说完,我对省长,对主教,对这个城市,对这个世界,对我自己以及其他许多东西都不满意。因此我在暴躁、激怒的心情下面,把那个歌颂我所憎恶的一切的诗人辱骂了一顿,在他的名字"斯库金"后面加上了一个字眼:"儿子"。④

符·加马上写了一封很严肃的长信给我谈这件事。他说:就是骂人,也应当有分寸。这是一封很好的信,

---

① 据希腊神话,宙斯是希腊诸神中的主神。
② 相传太古时代希腊诸神都住在奥林普斯山上。
③ 维纳斯:罗马神话中司爱和美的女神。
④ "斯库金-孙(儿子)":念快了时跟骂人话"苏金-孙(儿子)"一样。"苏金-孙"的意思是"狗的儿子"。

可惜宪兵们来搜查我的时候，拿走了它，从此这封信跟柯罗连科的别的信一起失掉了。

在这里顺便谈谈宪兵的事情。

一八九七年的初春，我在尼日尼被捕，让人不大客气地送到了梯弗里斯。在梯弗里斯的美捷赫古堡里宪兵上尉科尼斯基（他后来做了彼得堡宪兵队队长）审问我，他忧郁地说：

"柯罗连科给您写了多么好的信，他现在毕竟是俄罗斯的最好的作家啊！"

这个宪兵上尉是一个古怪的人：身材短小，举动温和，又很小心，好像缺乏自信心似的；他的鼻子大得非常难看，而且忧郁地往下垂，一对灵活的眼睛跟他的脸很不相称，眼珠很好玩地躲藏在靠近鼻梁的地方。

"我是柯罗连科的同乡，我也是沃雷尼人，我就是那个科尼斯基主教①的后人，您记得吗？就是那个向叶卡特林娜二世②说过著名的'我们丢开太阳'等等话的人。我以此自豪。"

我客气地问他哪一个使他挺感到骄傲——他的祖先呢，还是他的同乡？

"两个都是一样，不用说，两个都是一样！"

---

① 盖·科尼斯基（1718—1795）：白俄罗斯大主教，又是出名的演说家和作家。
② 叶卡特林娜二世（1729—1796）：一七六二至九六年俄罗斯的专制女王。

他把眼珠赶到靠近鼻梁的地方去了,可是他马上大声吸了一下鼻涕,眼珠又跳回了原处。我当时身体不好,因此脾气坏,我就对他说,我实在不懂他既然认为那个人使他感到骄傲,为什么又让他的宪兵们用过分殷勤的关心不断地干扰那个人的生活。科尼斯基恭恭敬敬地回答道:

"我们每个人都在执行我们的创造者的意志,每个人都是一样!我们还是干我们的正经事吧。那么您招认……其实我们已经知道……"

我们坐在古堡的门道下一间小屋子里面。窗子开得高高的,离天花板很近,从那里射进来一道炎热的阳光,落在堆满文件的桌子上。阳光照亮了的文件中间有一张纸条,我看见它就很着急,原来纸条上有我的清清楚楚的笔迹:

看见麋鹿啃白杨,不要就责怪鲑鱼肉。①

我望着这张该死的纸条,心里想道:

"要是宪兵上尉问我这个警句是什么意思,我怎样回答他呢?"

从一八九五到一九○一这六年中间我没有见到符拉

---

① 原文"麋鹿"(лось)同白杨(осина)连在一起念,跟"鲑鱼肉"(лососина)的读音一样。

季米尔·加拉克季奥诺维奇一面,我们不过偶尔通一两封信。

一九〇一年我头一次来到彼得堡,这个城市街道笔直,人却毫不爽快,模棱两可。我当时"正出锋头",有了"名",这种名声倒使得我不能够好好地生活了。我的名声很大。我记得有一天晚上我走过阿尼奇科夫桥的时候,两个人从后面走来,到我身边。我一看就知道他们是理发师,其中一个望着我的脸,惊讶地小声对他的同伴说:

"看,这是高尔基!"

另外的一个就站住不动,把我从头到脚地打量了一下,让我走了过去,然后惊喜地大声说:

"见鬼!他穿橡皮套鞋啊!"

还有别的许许多多的有趣的事情,其中有一件便是跟《开端》①杂志编辑部人员一块儿照相,那个秘密警察和奸细姆·古罗维奇也在里面。

不用说,看到女人们的好意的微笑和少女们向我投过来的差不多是崇拜的眼光,那是再高兴没有的事情;我很可能跟所有那些一下子让名声弄昏了头脑的年轻人一样,看起来很像一只吐绶鸡。

---

① 《开端》:所谓"合法的马克思主义者"的机关刊物,由彼·斯特鲁威等担任编辑,出了五期就被沙皇政府封闭。

然而有时候在夜里，只有我一个人的时候，我忽然会觉得自己好像是一个没有被捉到的犯人。他的四周都是些暗探、裁判员和检察官；他们似乎都把犯罪当作一种灾祸，一个不幸的"年轻人的过失"，只要自己招认出来，他们就会大度地宽恕他。可是他们每个人心里都非常想揭发犯人的罪行，胜利地当着他的脸大喊：

"啊哈——哈！"

我又常常觉得自己是一个学生，正在受各种科目的公开考试。

"你信仰什么？"那些分离派的圣书学者和寺院里的教士们这样地考我。

我居然像性情温和的人那样，做完了这些考试，我当时的忍耐力连我自己也很吃惊。可是在这种的口头的拷问过去了以后，我真想拿海军部的尖顶去穿透圣伊沙克大教堂①，或者做一件同样轰动社会的事情。

俄罗斯人在他们那种总有点像是做作的好心下面，隐藏了一种像是傲慢的东西。这种性质（我是不是可以叫它做考察的方法？）是用各种不同的形式表现出来的，不过主要地表现在这样一种方式上：想尽方法要看透他的邻人的心，就像跑到市集上的游艺场去看究竟怎样变戏法一样，把别人的心挖来挖去，不住地践踏，在那里

---

① 海军部和圣伊沙克大教堂都是彼得堡的有名的建筑物。

乱扔垃圾,而且有时候还会翻到那里面的什么东西。他们还学多马①的榜样把手指头伸进伤口里去,明明认为使徒的怀疑跟猴子的好奇心并没有分别。

符·加·柯罗连科在彼得堡这个石头城里居然给自己找到了一所旧式木头房子,这是一所很舒服的外省样式的房屋,每间屋子的地板都是漆过的,整个房屋发出一种古老的香味。

符·加在这几年里面头发灰白了;他两鬓的短发差不多全白了。眼睛下面有很多的皱纹,眼光是疲乏的,呆板的。我马上感觉到,我以前很喜欢的他的那种宁静没有了,现在有的是一个神经过分紧张的人所常有的那种神经过敏。不用说,穆尔坦案子②和这个像熊一样的人在这几年艰苦的日子里所做的一切事情耗费了他很多的精力。

"我失眠,非常痛苦。您还是不顾您的肺病,像从前那样拚命抽烟吗?您的肺怎样?我要到黑海去。我们一

---

① 多马:耶稣的十二门徒里面的一个。据《约翰福音》记载,多马听说别的门徒看见钉死在十字架上的耶稣复活。他不相信,就说:"我非看见他手上的钉痕,用指头探入那钉痕,又用手探入他的肋旁,我总不信。"所以有人就称他为怀疑的多马。
② 穆尔坦案子:沙皇警察陷害维亚特卡省老穆尔坦村的乌特穆特一姓农民的冤案(一八九二至一八九六年),柯罗连科出来替农民辩护。——英译本注

块儿去吧?"

他坐在桌子旁边,面对着我,他的眼光从沙莫瓦尔后面射过来,他开始谈起我的著作。

"像《瓦连卡·奥列索娃》那样的东西比《福玛·戈尔杰耶夫》更成功。那部长篇小说读起来困难,材料很多,可是既无条理,又不匀称。"

他伸了一个懒腰,使得脊骨都响起来了,问道:

"那么,您已经成了马克思主义者吗?"

我告诉他,我差不多是这样,他不大愉快地笑了笑,说:

"我不大懂。没有理想主义的社会主义我是不能理解的。我不相信,单单靠共同物质利益的意识就能够建立一个伦理体系。可是我们又不能没有伦理学。"

他一面喝茶,一面又问:

"再说,您喜欢不喜欢彼得堡?"

"城市比人更有趣些。"

"这里的人……"

他扬起眉毛,用手指头拚命地擦他的疲倦的眼睛,接着说:

"这里的人比莫斯科人比我们伏尔加的人更像欧洲人。据说莫斯科跟别处不同,我不知道。我看它的特点不过是一种笨拙、愚蠢的保守主义。在那里有斯拉夫派、卡特科夫一帮人①；在这里却有十二月党人、彼得拉舍夫斯基派、车尔尼雪夫斯基②……"

"还有波别多诺斯采夫③……"我插嘴说。

"还有马克思主义者"，他含笑说。"还有各种进步思想，就是说革命思想的极端分子。然而不管你怎么说这个波别多诺斯采夫是有才能的。您读过他的《莫斯科文集》没有？您注意——还是用了莫斯科这个名字。"

他马上神经质地兴奋起来了，便对我幽默地谈起文学界的斗争和民粹派跟马克思主义者的争论来。

关于这一切我已经知道了一些。我到彼得堡的第二天就给拖进一个纠纷里面了，这件事我到现在回想起来，还感到不痛快。我这次来拜访符·加，一半也为着跟他谈这件事情。

是这么一回事。

《生活》④杂志的编辑符·阿·波谢组织了一个文学晚

---

① 斯拉夫派：十九世纪四十到五十年代俄罗斯一种社会思想流派的代表人物。他们反对革命，保卫自由地主和自由资产阶级的利益。米·尼·卡特科夫（1818—1887）：俄罗斯反动的政论家，一八五六年起创刊《俄罗斯导报》。
② 尼·加·车尔尼雪夫斯基（1828—1889）：俄罗斯革命民主主义者，唯物主义的哲学家和作家。
③ 波别多诺斯采夫（1827—1907）：帝俄时代的反动政客，做过宗教院的总检察长。
④ 《生活》：一八九七年在彼得堡创刊的文学、科学和政治性的月刊，由符·阿·波谢（1864—1940）编辑，一九〇一年被禁。

会来纪念尼·加·车尔尼雪夫斯基,邀请了符·加·柯罗连科、尼·康·米哈依洛夫斯基、[①] 彼·费·美尔欣、彼·贝·斯特鲁威和米·依·土冈-巴兰诺夫斯基,此外还有几个马克思主义者和民粹派。文学家们答应参加,警察当局也允许开会。

我到彼得堡的第二天,有两个穿得很漂亮的大学生带着一位打扮得很时髦的小姐来找我,他们声明不能让波谢参加车尔尼雪夫斯基的纪念会,说是"知识青年不喜欢波谢,因为他剥削了《生活》杂志的出版者"。我认识波谢一年多了,我虽然认为他有才能而且能别出心裁,可是我不相信他居然有本领剥削出版者。我知道他同出版者的关系很好,他工作得像一匹拉大车的马一样,而且他同他一大家人就靠他那一点点薪水过着很苦的生活。我把这些全对那两个年轻人说了。他们就谈起波谢在民粹派和马克思主义者中间的那种模棱两可的政治态度。其实波谢自己也知道他这种模棱两可的态度,所以他发表文章总是用"微尔德"的笔名。这两位道德和正统的保卫者就生了我的气,他们离开的时候还说要到所有被

---

① 尼·康·米哈依洛夫斯基(1842—1904):俄罗斯政论家,自由主义民粹派主要代表人物之一。下文的美尔欣:俄罗斯诗人彼·费·雅库保维奇(1860—1911)的笔名。土冈-巴兰诺夫斯基(1865—1919):俄罗斯资产阶级经济学家,九十年代所谓"合法的马克思主义者"的一个代表人物,后来参加了立宪民主党。

邀请参加晚会的人那儿去,劝他们拒绝出席讲话。

后来事实证明,这件"意外事情"实际上并不是对波谢个人的攻击,而是"两种政治思想派别斗争中的一个行动"。有些年轻的马克思主义者认为他们这一派的代表不应当跟那种"老朽的、垂死的"民粹主义的代表一块儿在公众前露面。这一切的智慧表现在一封像一份报告那样庞大的信里面,这封信是用一种古怪的文字写的,我读起来倒觉得自己是个外国人了。我接到这封不认识的人们寄来的信以后,接着又收到彼·贝·斯特鲁威的字条,说他拒绝在纪念会上讲话。可是几个钟头以后他又送来另一个字条,说他已经收回了拒绝信。然而第二天米·依·土冈-巴兰诺夫斯基表示拒绝出席,斯特鲁威又给我送来第三张字条,这次他坚决地声明不出席了,这张字条同以前的两张一样,并没有举出任何的理由。

符·加含笑地听我讲完了这件小题大做的事情,带着一种忧郁的幽默说:

"就是这样,他们请你去朗诵,可是等你走上讲台,他们就捉住你,脱掉你的裤子,给你一顿好打。"

他在屋子里走来走去,两只手抄在背后,沉吟地小声说:

"这是艰苦的时期!有一种腐蚀人们的古怪的东西正在生长。我不了解年轻人的心情,我觉得在他们中间虚无主义又复活了,社会主义的野心家也出现了。专制政治在毁掉俄罗斯,可是还看不到什么能够代替它①的力量。"

我头一次看见柯罗连科这样忧虑,这样疲乏。我非常苦恼。

这时候外省某个地方自治会的人来访问他,我就告辞出来。过了两三天,他到什么地方休养去了。我不记得这以后我是不是还看见过他。

我跟他见面的时间很少,而且就是在这短短的时间里面,我也没有一天一天继续不断地去观察他。

然而我同他每次的谈话都加深了我的这种印象:他是一个伟大的人道主义者。在有教养的俄罗斯人中间,我没有见过一个人像他这样热爱"真理和正义"的,我没有见过一个人像他这样深深地感觉到必须在日常生活中实现这个真理。

在列·尼·托尔斯泰去世以后,他写信给我:

托尔斯泰增加了能思想、有信仰的人的数目,这是他以前的人所没有做到的。您说这是牺牲了那些行动的人或者能够行动的人作代价才办到的,我认为这种说法不对。人的思想永远是活动的,只要唤醒它②,它便会趋

---

① 指专制政治。
② 它:原文是"它的渴望",法译者就简单地译作"它",现在照法译本翻译这样好懂些。

向着真理，趋向着正义。

我相信符·加的文化工作唤起了不少俄罗斯人的沉睡未醒的正义感。他带着那种少有的、全心全意的献身精神从事于正义的事业，在这种献身精神里面感情和理智非常和谐地溶在一起，升高到一种深的宗教的热情。他好像见过，接触过正义似的；他把正义看作像所有我们较好的梦一样，是由人的精神创造出来的幻影，它极力想获得具体的形状。

他牺牲了自己的艺术的才能，用他的全部精力不断地、不倦地跟那个由希奇古怪的俄罗斯生活所养大的百头怪物作斗争。

革命思想和革命行动的严酷面貌刺激了、折磨了这个人的心——他热情地爱着美和正义，而且想把它们溶合成一个整体。可是他坚决地相信祖国的创造力不久就会大发展，而且预先感觉到从死里复生的民族的奇迹会是一种非常惊人的奇迹。他在一九〇八年写过这样的话：

现在正在做的一切事情在几年以后会引起一次火山大爆发，那些日子一定是很可怕的。只要民族的灵魂并不曾死去，火山大爆发一定会发生，然而民族的灵魂的确是活着的。

一八八七年他用尼·别尔格①的诗句来结束他的短篇小说《在日蚀的时候》：

在神圣俄罗斯响起了雄鸡的啼声，

神圣俄罗斯马上就要见到天明。

这个人一生走着一个英雄的艰苦的道路去迎接天明。符·加·柯罗连科为着使那样的天明早日到来所做过的一切是说不尽、数不完的。

---

① 尼·瓦·别尔格（1824—1884）：俄罗斯诗人。翻译过歌德、席勒、拜伦、密茨凯维支的诗。

米·米·柯秋宾斯基[①]

贡古尔弟兄说过:"美是不常见的"。柯秋宾斯基[②]就是不常见到的一种人:他跟你头一次见面就会引起你一种愉快的满意感觉:你觉得他正是你等待了好久的那个人,而且你对他正有着某种不寻常的想法!

在美的观念同善的观念的世界里,他熟悉一切,擅长一切;他跟你头一次见面就使你渴想尽可能多地见到他,而且同他谈得越久越好。

[①] 本文最初用俄文和乌克兰文同时发表在一九一三年基辅出版的杂志上,同年七月又在《欧洲导报》第七册上刊出。高尔基在这年五月底写信给《导报》的一个编辑人说:"寄上回忆我所爱的米·米·柯秋宾斯基的文章原稿数页。这篇回忆是为着《文学科学导报》写的,将用乌克兰文刊出。不过你们也许还可以把它发表在《欧洲导报》上,因为我们的一般读者都知道柯秋宾斯基的小说,想必对作者个人的事情也不会不感兴趣。"柯秋宾斯基在一九一三年四月逝世,高尔基得到消息以后马上写成了这篇回忆。

[②] 米·米·柯秋宾斯基(1864—1913):乌克兰作家。他的主要著作《蜃楼幻景》,描写一九○五至一九○七年乌克兰的农民运动。

他对什么都要思索，可是他跟善特别接近；他生就了一种带洁癖的对于恶的厌恶。在他身上那种对于善的美学的敏感非常发达；他用艺术家的爱爱着善，相信善的胜利的力量，在他身上还有一种公民的感情：深刻地而且从各方面地了解善的文化的意义和历史的价值。

有一次我对他谈起在俄罗斯成立一个规模很大的民主出版社的计划，我听见了他的温和的声音和经过考虑的话：

"应当逐年刊印一种《人类表现年鉴》——这种刊物专门记载人们在过去一年中间为了增进人类幸福所做的一切事情。这种刊物会成人们很好的参考书，他们读到它可以认识自己，同时也促进他同旁人之间的互相了解。我们听见谈到恶的时候比谈到善更多。对于民主，这种书更有特别大的意义。……"

他常常谈起民主，谈起人民，他的话总是很中听，而且有教育意义。

有一次在一个清静的夜晚，我对他谈起关于加拉布利亚①烧炭工人奇罗的传说：在一八四九年西西里人民进行反费狄南德·朋巴（炮弹）②斗争的时候，奇罗跑去见

---

① 加拉布利亚：意大利南部的农业地区。
② 费狄南德·朋巴：即西西里国王费狄南德二世（1810—1859）。他在人民起义的时候（1848—1849），用炮轰城市，所以人民就给他起了一个外号"费狄南德·炮弹"。

那个品德高贵的鲁吉埃罗·塞地莫[①],天真地向他提议:

"先生,要是拿波里的暴君得到胜利,他一定会砍掉您的头,是不是?到那个时候,先生,就用三个头向他换您的一个头吧:那三个头就是我的头,我兄弟的头和我妹夫的头。先生,我们跟您一样的恨朋巴。不过我们是渺小的人,我们不能够像您那样聪明能干地为自由斗争。我以为这个办法对人民有很大的利益。而且朋巴杀三个人来代替一个,他一定也很满意。他这个坏小子喜欢杀人!我们呢,我们也高兴为自由而死。"

米哈依尔·米哈依洛维奇喜欢这个传说,他的和悦的眼睛闪着快乐的光,一面说:

"民主总是浪漫的,您知道,这非常好!浪漫主义倒是最合乎人情的态度。我觉得人们还没有充分地了解它的文化的意义。它夸张,那不用说!然而它总是夸张善的方面,并且由此证明人们对于善的热望是多么地大。"

还有过这样一件事情:一条拉丁种的大护羊狗第一次很痛苦地生产;小狗生下来都已经死了;大狗也痛得快要断气了。这种悲惨的景象在一条还没有生过小狗的猎狐狗身上唤起了极其显著的同情。

这条漂亮的小小猎狗的那种紧张情绪使人吃惊:它

[①] 鲁吉埃罗·塞地莫(1778—1863):西西里的爱国者,一八四八年西西里政府的总统。

发出低声哀号，在护羊狗周围走来走去，它舐去护羊狗的痛苦的眼睛上的泪水，自己也哭了。它一下子跑进厨房里去，衔着骨头飞奔出来，送给病狗；然后它又跑到人们跟前，发出轻轻的、诉苦的叫声，朝人们身上跳去，好像在向人求救一样；它一直在哭，泪珠从它美丽的眼睛里流了下来。这个景象使人很感动，同时也叫人感到有点可怕。

"真是不寻常的事情！"柯秋宾斯基很兴奋地说。"这条狗身上感情的力量我只能够用这样的话来解释：人们已经在它们的周围创造了一种强有力的不可抗拒的人道的气氛，它甚至可以改变动物的本性，把人类心灵里的什么东西移植到动物身上去。"

人道，美，人民，乌克兰，——这些都是柯秋宾斯基最喜欢谈到的题目；它们同他的心、他的脑筋和他那双美丽的、和悦的眼睛一样，都是跟他分不开的。

他很爱花，他对于花的知识非常渊博，仿佛就是一个植物学家，可是他谈起花来却又像一个诗人。看见他手里拿着花，一面轻轻地抚摩，一面谈话，这是很愉快的事情。

"您看，这儿兰花采取了蜜蜂的形状：它想用这个办法表示它并不需要昆虫来拜访它。到处都有很多的智慧，很多的美！"

他的有病的心脏使他不能够在卡普里的那些不平坦的小路上、不能够在那些被太阳晒得发烫的岩石上、不能够在充满浓郁花香的炎热空气里多走。可是他并不爱惜自己，他常常出来散步，而且总是走到疲倦透了为止。

你要是对他说："您为什么要把自己弄得这样疲倦呢？"他就这样回答，一下子就把很有道理的劝告推开了：

"我想尽可能地多看看。我活在地上的时间不长了。可是我爱它。"

他特别情深地爱他的故乡乌克兰，在木质薄荷不生长的地方，他常常以为自己闻到了木质薄荷的香味。

有一天他看见一个渔人家的白色墙上长着浅红色的锦葵，他高兴地微微笑起来，揭下帽子对着花讲着乌克兰话：

"朋友们，你们好！你们在外国过得怎样？"

他有点不好意思，便开玩笑地说：

"您知道，我有点伤感了。不过我想，您也常常怀念白桦树吧，从前人家老是用它的枝子来打您的？所有的人都是人，谁不是人，就让他害羞去！"

他喜欢卡普里，关于它他这样写道：

我不大舒服。我只有在卡普里才觉得好些。卡普里的大自然给我的印象是极其和谐的，对我的精神很有益处，它们能够帮助恢复我的健康。

不过我觉得他的话并不完全对，这个岛上那种温室里一样的空气对他的身体不是有益的。况且他那颗鲜红的乌克兰的心一直是在他的故乡里：他生活在乌克兰的痛苦中间，他分担着乌克兰的苦难。

有时候会看到：他慢慢地往前走，稍微弯着身子，没有戴帽子的头在发亮，脸上露出沉思的表情，就像我们在茹克给他画的肖像上看见的那样；看到他这样地走着，你就猜得到：他在想他的故乡切尔尼戈夫希纳了。

果然是这样。他回到自己的白屋子里，疲倦地坐在扶手椅上就说：

"您知道，在那儿，到'天然拱门'去的路上有一家农人小屋，跟我们家乡的农人小屋完全一样！里面住的人也跟我们的人一样：祖父又老又懂事，坐在门槛上抽烟斗；还有女人和栗色眼睛的年轻姑娘，——真是十足的幻觉。除了山、岩石和海以外！其余的一切连太阳也跟我们的一样。"

于是他小声地谈起他的故乡的命运，谈起它的未来，谈起他所热爱的故乡的人们，谈起乌克兰的文学，谈起在那里出版的《教育》杂志的有益的工作（这个杂志已经被禁止了）。你听他谈话就会明白这个人一直在想着这一切，他所知道的事情都是知道得很透彻的。

一九一一年六月他从卡尔巴阡山的克利沃利夫尼亚写信给我道：

我把时间完全花在游山上面，我骑着一匹古楚尔马，这匹马又轻快又优美，就像一位芭蕾舞女演员。我到过深山中人迹罕到的地方，在这种高山的草地上古楚尔游牧民带着他们的牲畜过完整个的夏天。要是您知道这里的大自然是多么壮丽，生活是多么原始，那就好了！古楚尔人①是最有独创性的民族，他们有丰富的想象和独特的心理。古楚尔人是很厉害的异教徒，他们一直到死为止整整一生都在跟住在树林里、山上和水中的魔鬼战斗。他们只是为了装饰异教的礼拜才利用基督教。这儿有好多美丽的故事、传说、信仰和象征！我在搜集材料，欣赏大自然，我在看，我在听，我在学。

但是他在从切尔尼戈夫寄来的下一封信里不得不承认：

我忍耐不住登了山，不用说，损害了自己的健康；然而这是不寻常的美，这才是主要的。

他为了想多知道生命和生命的美，甚至不顾惜自己的体力；他看待自己诗人的才能非常严格，对自己要求很苛。他不止一次地对我说："我很不满意自己。"他在一九一〇年写信说："我始终觉得我的短篇写得不生动，

---

① 古楚尔人：住在卡尔巴阡山的乌克兰山民，以骁勇善战著名。

而且没有趣味,没有用处;我甚至觉得对文学、对读者都问心有愧。"

我觉得这种思想一直缠住他,而且折磨着他那颗疲劳的心。

他问我:

"您喜欢不喜欢《孤寂》?"

"您那三篇散文诗里面它是最好的,其实照我看来三篇都好。"

他忧郁地笑了笑:

"今天早晨我把它重读了一遍,我觉得不舒服。没有人需要它,也没有人对它感到兴趣。这些哭号有什么用?所有的人都是孤寂的。实在用不着把我们的灾难写出来。"

然后他动了气地说下去:

"而且末尾还有骄傲的呼声,它并不真诚,只是为了安慰自己才说的。有什么值得骄傲的理由?要是你孤寂,那就是说没有一个人需要你。"

我们常常谈到这个题目,他总是严厉地责备自己。

"您看,这写得多好:

我怜悯大地痛苦的遭遇

但是我知道笼罩着它的阴影就要消失

在过去充满忧郁与黑暗的地方

要升起发射金光的一轮红日……"

他笑笑，马上就把这几行诗改成了打油诗。

有一天有人对他说：

"您的《笑》写得多真实又多可怕。"

他随便挥了挥手，说：

"这是从别处借来的！写得不好：在生活里这种笑是更可怕，更合法的。"

听见他这种回答有时叫人感到不愉快，更多的时候叫人感到痛苦，——在这些话里面听得出来极大的、真实的苦闷。

然而他虽是对自己很严厉，对别人却很宽容；他能够随处找到好的东西，甚至在坏的东西里面也会找到——中肯的字眼和漂亮的句子。

有一个夜晚海和岛特别清静，好像带着无声的惊叹在等待什么不寻常的东西似的，他对我说：

"朋友，我已经看见过了那么多，而且也感受过了那么多，在我的心里有一个完整的形象、思想和温柔单纯到使人流泪的歌子的世界在活动！倘使能够使这一切像雨似地落到地上来，落到人们身上来，那多好！但是我做不到，我不能够！"

没有做到，是的；不过他本来可以，本来能够写出大的、出色的东西来的。有很多他已经完全想好了，做好了准备的工作,而且——还有他特有的那种美丽与独创性。他没有做到,因为在我们认识的三年中间他每一封来信都是这样一种调子,而且越来越强烈:

"我得承认我什么地方有毛病。我的心脏越来越坏,有时候我不得不躺在床上,写作已经弄得我精疲力尽,我没有力量再写别的什么了。"

"这个冬季我几乎没有一点收入,这就是说——有了很难克服的障碍了。然而那一所有四个房间、又有好心的房东太太、租金只要六十五里拉①的别墅好像时时都在向我招手,对我微笑。"

最后在一九一二年十月九日他写信给我说:

亲友的阿·玛,我不行了,我一直病得厉害;最糟的是——不能够工作。我只好试一下那个英勇的办法了:到医院里去躺一个长的时间。因此我这几天里面就要动身到基辅去。

但是他后来从奥布拉左夫医院里兴致很好地写信告诉我:

我终于给送到了基辅,被当作'严重的心脏病患者'安置在医院里面。然而我觉得有时候这样养一下也很妙!每天都有些很出色的人来看我,还给我带来我所喜欢的一切——花啦,书啦,和他们自己!那个给您温暖的太阳也

---

① 里拉:意大利的货币单位。

同样地照到我的窗口来,因此它也显得更暖和,更亲切。

他喜欢对人讲亲切的好话,他在前一天还因为尼·维·雷森科①的死非常伤心,然而这个可爱的人居然在心里找到了这样的话。

他知道自己不久就要死;他常常谈到死,谈得很单纯,没有一点恐怖,也没有许多人喜欢做出来的那种假装大胆。

有一次他说过这样的话:

"必须征服死,而且死是会被征服的!我相信人的理智和意志会战胜死,就跟我相信我不久就要死一样。以后还会有千百万人死去;然而将来有一天死会成为我们意志的普通行动,——那时候我们准备死亡,就跟我们准备睡觉一样,都是同样有意识的。到了大多数人都明白地认识到生命的价值,了解到生命的美丽,感觉到劳动和生活的快乐的时候,死就会被征服了吧。"

他是一个精神文化很高的人,有着丰富的自然科学知识,他对于在跟死亡作斗争的范围内所做的一切都很注意;然而死亡的诗,形体不断变化的诗,他也细致地感觉到了。

他不止一次感谢地望着卡普里的长满一片茂盛花草

---

① 尼古拉·维塔里耶维奇·雷森科(1842—1912):乌克兰作曲家。——莫斯科版法译本注

的灰色岩石,说:

"多么强的生命力啊!我们已经看惯了这个,我们并不注意生命战胜了死亡、活动战胜了惰性的胜利;我们好像完全不知道太阳在死的石头上创造了花和果实,我们也没有看见生命为了鼓舞我们,使我们高兴,无处不在夸耀胜利。我们应当亲密友好地向世界微笑……"

他懂得这样的微笑,向一切发出朋友般的微笑。关于列·尼·托尔斯泰的死,他写过这样的话:

我读到托尔斯泰的死亡使您那样悲痛,我很难过。我也很悲痛,不过——我不知道是不是应当害羞?——我知道世界上还有伟大的东西,我也高兴。死好像比较生更正确地说明伟大。

对我来说米哈依尔·柯秋宾斯基的死是个人的重大的损失,我失掉了一个知心的朋友。

美丽的不常见的花谢了,亲切的善良的星灭了。他的一生是艰苦的——在俄罗斯要做一个正直的人得付出很大的代价。

我们这个时代缺少好人。为了回忆他们,为了回忆那些热爱人们、热爱整个世界的美丽的快乐的心灵,为了回忆那些能够为自己祖国的幸福而工作的坚强的人,让我们尽情地领略回忆的哀伤吧。

正直的人永远活在我们的记忆中!

尼古拉·加陵-米哈依洛夫斯基①

在我们这个世界上,有时候会出现一些我想称为快乐的正派人的人。

我以为不应当把基督看作这种人的始祖,根据《福音书》的记载看来,基督有点书呆子气;快乐的正派人的始祖可能说是阿西士的弗朗西斯②。他是一个伟大的热爱生活的艺术家,他并非为了宣传爱而爱,他只是因为自己完全掌握了那种忘我的爱的艺术与幸福,便不能不把这种幸福分给别人共享。

我现在说的正是爱的幸福,而不是怜悯心的力量,怜悯心的力量曾经促使亨利·狄朗③创立了像"红十字

---

① 本文最初发表在一九二七年四月号《红色处女地》上。这篇《回忆》是在一九二七年二月到三月的中间写成的。尼·盖·米哈依洛夫斯基(1852—1906):笔名加陵,俄罗斯作家。
② 阿西士的弗朗西斯(1182—1226):意大利的僧侣和传教者。
③ 让·亨利·狄朗(1828—1910):瑞士慈善家,红十字会的创立者。

会"那样的国际组织,而且也曾造就了像著名的加兹医生①这一类的人物,加兹生活在沙皇尼古拉一世的艰难时代,是一个人道主义的实行家。

然而生活里已经找不到纯粹怜悯心的地位了,在我们这个时代,怜悯心好像只是用来掩盖羞耻的假面具。

快乐的正派人并不是非常突出的人。然而他们看起来并不突出的原因好像就是:根据常识判断,他们在残酷无情的社会关系的阴暗背景上显不出来。他们的存在是跟一般的常识违反的,只有他们自己决心要做这种人的意志可以给他们的存在辩护。

我有幸认识了六个快乐的正派人;他们中间最突出的便是雅科夫·里沃维奇·捷依捷尔,前沙马拉的检察官,一个未受洗礼的犹太人。

犹太人做检察官这个事实对雅科夫·里沃维奇来说,就是无数灾难的泉源,因为他那些信奉基督教的上司把他当作司法部门一片洁白上的一个污点,想尽办法要把他去掉,我记得他好像是从"伟大的改革时代"起就担任了这个职务的。捷依捷尔很健康,他自己在他出版的《回忆录》里面还讲起他跟司法大臣的斗争来。是的,他

---

① 费·彼·加兹(1780—1853):著名慈善家。原籍普鲁士,本名弗·约·哈斯,一八〇六年起在俄国做医生。他曾经担任过监狱病院医生的职务,做过好些有利于囚人的事情,又曾反对过地主流放农人的权力。

现在也还很平安，健康，最近人们还庆祝了他的七十岁或者八十岁的生日。然而他在学习阿·符·彼谢洪诺夫和符·阿·米雅柯青的榜样，据我所知，这两个人计算自己的年纪，不是逐年增加，而是逐年减少。捷依捷尔的受人尊敬的高龄并没有使他放弃他一生做惯了的那种工作：他不知道疲倦地、愉快地爱人们，热心地帮助人们生活，就像他在一八九五年和九六年在沙马拉所做的那样。

本城所有最活动、最有趣的人（顺便提一下，这种人并不多）每个星期都要到他的住处来聚一次。大家都来找他，从区法庭庭长安年科夫（十二月党人的后裔，很聪明，而且是一位英国派绅士），到一些马克思主义者，这里面包括了《沙马拉导报》的撰稿人和跟《导报》处在敌对地位的《沙马拉报》的撰稿人，据我看他们这种敌对的态度并不是"思想上"的，而是从业务竞争来的。到这里来的人中间还有自由主义的律师，和一些年轻人，别人不大清楚这些年轻人干些什么职业，可是他们有明显的犯罪的思想和意图。使人感到奇怪的是，检察官的家里居然有这种"不受拘束的"客人，尤其古怪的是他们一点也不隐瞒他们那些思想和意图。

一个新客人进来的时候，主人并不把他介绍给别的客人，而新来的人也不会引起人们的不安：大家都相信到雅科夫·捷依捷尔家里来的不会有一个坏人。在这里讲话是完全自由的。捷依捷尔本人就很喜欢争论,有时候他甚至对着跟他辩论的人跺脚发脾气。他的脸通红,他的白色鬈发暴怒地竖起来,他的白色唇须威胁地倒立,连他的制服上面的钮扣也抖动起来了。然而这一切并不叫人害怕,因为雅科夫·里沃维奇那双美丽的眼睛里露出了愉快的、和善的微笑。

雅科夫·里沃维奇同他的妻子叶卡捷利娜·德米特利耶夫娜是一对十分殷勤好客的主人,他们那张很大的桌子上放了大盘配着马铃薯的煎肉,客人们随意地吃菜、喝啤酒,有时候也喝一种深紫色的可能是高加索的葡萄酒(它有锰的味道);这种酒在白色桌布上面留下了洗不掉的斑点,可是对脑子并不起什么作用。

客人们吃饱喝够以后,就开始争论起来。然而其实这种舌战常常在吃喝的时候就开始了。

我在捷依捷尔的家里认识了尼古拉·盖奥尔吉耶维奇·米哈依洛夫斯基－加陵。

一个穿铁路工程师制服的人走到我跟前,望着我的眼睛,不客气地急急说:

"您是高尔基,是不是?您写得不错。然而赫拉米达写的就很坏。赫拉米达,这也是您吧?"

我自己也知道"伊叶古季尔·赫拉米达"写得很坏,

而且因此很苦恼，所以我不喜欢这个工程师。可是他不肯放松我：

"您不是好的杂文家。杂文家得有一点讽刺的本领，——可是您一点也没有。您有幽默感，不过有点粗野，而且您不能好好地使用它。"

一个陌生人突然跑到你面前，对着你的脸讲一大堆真话，这是很不愉快的事情。你盼望他的话多少总有些不对，可是他一点也不错，全对。

他就站在我的面前，讲话很快，好像他想讲很多的话，又害怕没有时间完全讲出来似的。他比我矮，我可以很好地看清楚他的瘦脸，脸上有小心修剪的胡须，长得很好看的前额露在灰白头发下面，他还有一对异常年轻的眼睛。我不大明白它们的表情，好像很友好，然而同时又带了点激昂、挑衅的样子。

"您不高兴我这样讲话吗？"他问道，好像要证实他有权利对我讲不愉快的事情似的，他说出了自己的名字，"我是加陵。您读过我写的东西吗？"

我在《俄罗斯思想》①上面读过他那些带怀疑倾向的《现代农村散记》，也听见人谈起作者在农民中间生活的一些有趣的故事。这些《散记》受到民粹派评论家的严

---

① 《俄罗斯思想》：自由主义倾向的文学和科学的月刊，一八八〇年在莫斯科创刊，一九〇五年革命后成为立宪民主党的机关刊物。

厉批评，可是我倒很喜欢它们，而且那些关于加陵的故事更说明他是个"有想象力"的人。

"《散记》并不是艺术，连文学作品也说不上。"他说，那对显得年轻的眼睛呆呆地望着我，我从他这种注意不集中的眼光看出来他在想别的什么事情。

我问他，人们说他有一次种了四十杰夏季纳①的罂粟花，是不是真的事实？

"为什么一定说是四十？"尼古拉·盖奥尔吉耶维奇好像动了气，皱起美丽的眉毛，带着焦虑地举出许多个四十来，"倘使你杀死一只蜘蛛，四十桩罪过都会得到宽恕；在莫斯科有四十乘四十座教堂；生小孩的女人四十天里面不得进教堂；人死了要祈祷四十天；第四十只熊是最凶恶的。鬼知道，这种关于四十的废话是从哪里来的？您怎样看法？"

可是他显然并不很想知道我的想法，因为他马上用他那结实的小手拍我的肩头，起劲地说：

"好朋友，要是您看到这些罂粟花开花，那多好！"

然后加陵又从我这里跑开，投到正在桌子旁边进行的舌战里面去了。

这次见面并不曾引起我对尼·盖·加陵的好感，我觉得他有点做作。他为什么要举出这许多四十来？而且

① 杰夏季纳：俄亩。一杰夏季纳等于一点〇九二公顷。

我一时也不习惯他那种贵族般的斯文和"民主主义",我起初还觉得他的"民主主义"是用来装饰门面的。

他的身材不高不矮,相貌好看,动作迅速而文雅;人们总有这样的印象:这种动作迅速并不是由于神经不健全,而是由于精力充沛。他讲话好像很随便,然而实际上他用的句子都是精心结构,而且别出心裁的。他特别擅长插入句(这种句子是安·巴·契诃夫所受不了的)。然而我在尼·盖的身上从没有见到像律师们所常有的那种欣赏自己能言善辩的习惯。在他的讲话里总是"字占的地方小,思想占的地方大"。

他同别人见第一面可能会留下一个对自己不太有利的印象。剧作家柯索罗托夫谈起他来,便诉苦道:

"我想跟他谈文学,他却对我长篇大论地讲起块根植物的种植法来,然后又谈到了麦角。"

我问列奥尼德·安德列耶夫:他喜欢不喜欢加陵?他的回答是:

"他很和善可亲,很聪明,很有趣味!阿列克谢尤希卡①,一个人做了工程师,这是不好的。我害怕工程师,这是危险人物!他不等你知道,就给你装上一个额外的小轮子,你一下子就顺着陌生的轨道滚动起来了。这个加陵很喜欢叫别人走上他自己的轨道,对,对!他坚决,他

---

① 阿列克谢尤希卡:阿列克塞(高尔基的名字)的爱称。

推着你……"

尼古拉·盖奥尔吉耶维奇修筑了从沙马拉到谢尔吉耶沃硫磺泉的铁路支线,在这个工程中发生了一大堆有趣的故事。

他需要一辆构造特别的机车,便向交通部递了一份呈文,请求批准在德国购买。然而不知道是交通大臣还是维特①不许在国外购买机车,主张在索尔莫沃②或者向柯洛姆纳③工厂订货。我现在记不起来加陵用什么样的复杂而大胆的办法在国外买到了机车,把它偷偷地运到沙马拉来;不用说,这样就省掉了几千个卢布和几个星期的时间,而且时间比金钱更宝贵。

然而他带着年轻人的热情所夸耀的并不是节省时间、节省金钱的事情,他得意他居然把机车偷偷地运到了沙马拉。

"这是了不起的事!"他大声说。"不是这样吗?"

看得出来,他干这件"了不起的事",与其说是为了事务上迫切的需要,还不如说是出于想克服障碍的欲望,

---

① 谢·尤·维特(1849—1915):一八九二至一九〇三年间沙皇政府的财政大臣,一九〇五年至一九〇六年任首相。
② 索尔莫沃:尼日尼-诺弗戈罗德的大工业区,有历史悠久的制造轮船、铁路车厢和机车的大工厂。
③ 柯洛姆纳:莫斯科省的一个城市,有巨型机车制造厂。

或者说得更简单点，甚至是出于想跟政府开玩笑的欲望。尼·盖·加陵同一切有才能的俄罗斯人一样，也喜欢恶作剧。

他的好心也是纯粹俄罗斯方式的。他毫不爱惜地抛散钱财，好像它们是他的负担一样，他似乎很厌恶人们用气力交换来的那种有颜色的纸片①。他的第一个太太很有钱，我记得她像是亚历山大三世的亲信切列文将军的女儿。然而他在很短的时期就把她的百万家产完全花在农业试验上面了，到一八九五至九六年他便不得不靠自己挣钱过活。他过日子慷慨大方，常常用上等的早饭午饭和高价的酒款待客人。他自己吃的喝的都很少，所以人们弄不明白：他那永不知道疲倦的精力靠什么东西来培养呢？他喜欢送礼物，而且一般地说，他喜欢使人高兴，不过这并不是为了讨好人，因为他要博得人们的欢心，靠他的才能和极其充沛的精力就很容易办到。他把生活当作节日看待，而且不知不觉地尽力使他周围的人也像他那样地看待生活。

我自己无意地参加了加陵偶然制造出来的一件有趣的故事。某一个星期天，我坐在《沙马拉报》编辑部里欣赏我的杂文，这篇文章被书报检查官弄得乱七八糟，就像一片燕麦田给马踏了一样。看门人这个时候还很清

---

① 有颜色的纸片：指钞票。

醒，他进来说：

"有人从塞兹兰给您带了钟来。"

我没有到过塞兹兰，也不曾买过钟，我这样对看门人讲了。他走了出去，在门口叽哩咕噜了一阵，又回来说：

"犹太人说：钟是您的。"

"叫他进来吧。"

一个犹太小老头儿走了进来，他穿了一件旧大衣，戴了一顶非常古怪的帽子，一进屋就用不信任的眼光看了我一眼，把一张从日历上扯下来的纸片放在我面前的桌子上，纸片上有加陵的难认的笔迹："交彼什科夫－高尔基"。还有一些字我就认不出来了。

"这是加陵工程师交给您的吗？"

"我怎么知道？我从不问顾客的姓名。"老人说。

我伸出手去，对他说：

"给我看看钟。"

然而他离开桌子朝后退了两步，望着我像望一个醉汉那样，一面问道：

"也许另外有一位彼什科夫－高尔基吧！"

"没有别的。把钟给我，您去吧。"

"唔，好的，好的。"犹太人说，耸了耸肩膀，并不把钟给我，就走出去了。过了一分钟，看门人同运货马车夫抬了一个看起来并不重的大木箱进来，放在地板上，老人对我说：

"您打个收条吧。"

"这是什么东西？"我指着木箱问道。犹太人不在意地答道：

"您知道，这是钟。"

"挂钟吗？"

"是的。十架钟。"

"十架钟？"

"就是这个。"

虽然这是滑稽的事情，可是当时我却很生气，因为犹太人干的那些有趣事情并不全是好的。特别是在你不知道究竟是怎么一回事，而且你自己好像扮演了愚蠢脚色的时候，它们显得更坏。我问老人：这究竟是什么意思？

"您想想看，究竟是谁从沙马拉跑到塞兹兰去买了钟的？"

犹太人也不高兴了。

"为什么要我来想呢？"他说。"别人对我说：这样做！我就这样做了。《沙马拉报》吗？不错。彼什科夫－高尔基吗？这也不错。您打个收条吧。您还要我做什么呢？"

我不再需要他做什么了。可是老人显然以为他给牵扯到什么不正当的事情里面了，他的手在打颤，他在弄他的帽子的宽边。他望着我,他的眼光使我感觉到好像自己做了什么对不起他的事情一样。我把他打发走了,又吩咐看门人把木箱放到校对室去。

四五天以后尼古拉·盖奥尔吉耶维奇来了,他一身尘土,带了点路途劳顿的样子,不过精神非常好。那件工程师的工作短外衣穿在他身上就像是他的第二道皮一样。

"是您把这些钟寄给我的吗?"

"啊,是的!是我,又怎样呢?"

他又用好奇的眼光望着我,反问道:

"您打算拿它们做什么用呢?它们对我毫无用处。"

于是他告诉我这样一个故事:有一天太阳落下去的时候,尼古拉·盖奥尔吉耶维奇·加陵-米哈依洛夫斯基在塞兹兰沿着伏尔加河岸散步,看见一个犹太小孩在钓鱼。

"老朋友,您知道,他简直毫无办法。粘鲈鱼贪心地咬着钓钩,可是三尾鱼里面总有两尾滑走了。毛病在哪里呢?原来他钓鱼不用钩,却用一根铜别针。"

不用说,这个小孩很漂亮,而且非常聪明。加陵这个人并不天真,也不是心肠好得不得了,他却老是遇到"非常聪明"的人。他见到的都是他极其想看见的人。

"这个小孩已经尝到生活的苦味了,"他继续说。"他同祖父住在一块儿,祖父是个钟表匠,他也在学这个手艺,他只有十一岁。这个小城里的犹太人好像就只有他们祖孙两个。他跟我讲了这一类的话。我同他一块儿去看他的祖父。店子又小又脏,老人在修理煤油灯的灯口,擦洗沙莫瓦尔的龙头。到处都是尘土,龌龊,极端的贫穷。我忽然动了——怜悯心。送他钱吧?不方便。所以我就把他的存货全买下来,拿了钱给小孩。昨天我还寄了书给他。"

尼·盖完全认真地接下去说:

"要是您拿这些钟没有用,我会差人来搬走。我可以把它们送给支线上的工人。"

他像平时那样匆匆忙忙地讲了这番话,不过这次带了一点窘相,而且他讲话的时候还把右手猛挥了一下,仿佛要赶走他刚才讲的那一切似的。

他有时候也在《沙马拉报》上发表短短的小说。其中有一篇《天才》是犹太人李别尔曼①的真实故事,这个人照他自己的算法居然想出了微分来。他是一个害肺痨病的犹太人,而且是半文盲,他在数目字上面花了十二年的工夫,才发现了微分。等到他知道在他以前别人早就完成了这个发现的时候,他十分痛苦,终于因肺出血

---

① 李别尔曼:据《高尔基三十卷集》第十七卷(一九五二年版)编者注解,这个犹太人的姓是"巴斯捷尔纳克",不是"李别尔曼"。

死在沙马拉火车站的月台上。

这篇小说写得并不怎么好。可是尼·盖在编辑部办公室跟我们讲李别尔曼的故事,却讲得非常精彩,很有戏剧的效果。他自来讲故事就很出色,而且往往讲得比写得好。他始终在一种对文学工作不适宜的条件下面写作,奇怪的是他过着那种奔忙的生活,居然能够写出像《乔马的童年》《中学生》《大学生》《克洛季尔达》《奶奶》这一类的东西来。

《沙马拉报》请他写关于数学家李别尔曼的短篇小说,劝了他好久,他才答应在去乌拉尔某处的火车上写它。小说的开头是写在电报纸上面,由一个马车夫从沙马拉火车站送到编辑部来的。夜里我们收到了一份很长的电报,电文就是小说开头的改正稿,一两天以后他又打来了一份电报:"前寄之稿请勿发表,容改写另寄。"可是他始终没有把改写稿寄来。小说的结尾好像还是从叶卡德林堡寄来的。

他的笔迹是很难认的,我们得到他的手稿还要找人翻出来,不用说,这样会改变了小说中一些字句。我们还得把稿子另抄一份,让排字工人看得清楚。无怪乎尼·盖在报上读到自己的小说,会皱紧眉头,说:

"鬼知道我怎么弄出这种东西来!"

我记得我们谈到短篇小说《奶奶》的时候,他说过

这样的话:

"这是我花了一夜的工夫在一个邮站上写成的。当时有些商人在那里喝酒,叽叽喳喳就像一群鹅一样,可是我却在写小说。"

我见过他那本关于满洲的书和《朝鲜故事集》的草稿,一大包各种各样的纸头——有印着某某铁路"机务处与运转处"的公文纸,有从账簿上撕下来的划了线的纸,有音乐会的招贴,甚至还有两张中国人的拜客帖子;这些纸上面全写满了笔划没有写够的字[①]。

"您怎么能够读这个?"

"啊!"他说。"很简单,这是我自己的笔迹。"

他便很流畅地念起一篇动人的朝鲜故事来。然而我总觉得他不像是照手稿念的,他在"凭记忆背诵"。

我以为他对自己的文学工作所采取的态度是怀疑的,不公平的。有人称赞他的《乔马的童年》,他叹口气说:

"算不了什么。每个人写小孩都写得很好,写小孩要写得坏,倒是不容易的。"

而且他总是像往常那样马上就把话头扯开了。

"可是出名的画家却不容易画好孩子们的肖像,他

[①] 笔划没有写够的字:原意是,"字母没有全写出来的字,和类似字母的东西"。

们画的小孩都是洋娃娃。连范·德克①的《婴孩》也是洋娃娃。"

有才能的杂文家"斯洛沃-格拉戈里"②，谢·谢·古谢夫责备他：

"您写得这么少，真是一桩罪过！"

"这可能因为当工程师比做作家更是我的本行，"他带着忧郁的微笑说。"其实我觉得铁路工程也不是我的专长。我应当干垂直线的建筑，不该干平面的。我应当做一个建筑师。"

然而他讲起他的铁路工程来也非常精彩，而且十分热情，就像诗人一样。

他谈自己文学作品的题材也谈得好，而且很动人。我还记得两个题材。有一次我们在从尼日尼到喀山的轮船上，他告诉我，他想根据秦祖通的传说写一部长篇小说，那是一个想对人行好的中国魔鬼的故事。在俄罗斯文学中，这个传说已经被过去的小说家拉法伊尔·左托夫③用过了一次。加陵的主人公是一个善良的、很有钱的工厂主，他厌倦了生活，却想对人行好。他是个心肠好

---

① 安·范-德克（1599—1641）：佛莱米族画家，肖像画的大师。
② "斯洛沃-格拉戈里"（Слово-Глаголь）：俄罗斯新闻记者谢·谢·古谢夫（1854—1922）的笔名。
③ 拉·米·左托夫（1795—1871）：俄罗斯小说家和剧作家。

的梦想家,他把自己看作罗伯特·欧文①那样的人,干了很多的傻事,受到一些能干的人的迫害,最后带着像雅典人泰蒙②那样的心境死去。

另一次是在夜间,他在彼得堡我的家里对我讲了一个他打算写的故事,他讲得十分精彩。

"三页,不会多!"

根据我的记忆,故事大概是这样的:有一个看林人(他是个思想不外露的人)一直过着孤寂的生活,把人们全看成猛兽一样。有一天夜里他从外面回到自己住的小屋去。他在路上遇到一个流浪汉,他们走在一起了。这两个互相猜疑的人便小心谨慎、无精打采地谈起话来。大雷雨就要来了,自然界很紧张,风在地上狂吹,树木不住地摇摆,树叶的响声越来越可怕。看林人忽然感觉到流浪汉好像起了谋害他的心思。他设法走在那个同路人的后面。然而那个人明明不肯让他落后,始终跟他并排走着。两个人都不做声。看林人心里想:不管自己怎样做,都是一样,流浪汉一定会害死他——这是命运!他们到了小屋,看林人让流浪人吃了饭,他自己也吃过了;

---

① 罗·欧文(1771—1858):英国空想社会主义者。他为了实现自己的理想,曾到美洲组织了一个叫做"新协和"的移民区。他这一类的尝试都遭到了失败。
② 泰蒙:纪元前五世纪后期雅典的贵族。莎士比亚写过他的故事,见剧本《雅典人泰蒙》。他喜欢帮助人,做好事,后来被朋友们骗得、逼得破了产,成了憎恶人类的人,悲愤地死去。

他做过了祷告便上床睡了,把切面包的刀留在桌子上,而且他上床以前还检查了靠在屋角火炉上的枪。大雷雨来了。树林中响起了可怕的雷声,电光闪得更惊人了。落下了倾盆大雨,小屋颤摇得像离了地在水上漂浮一样。流浪汉看了看刀,看了看枪,便起来戴上了帽子。

"到哪儿去?"看林人问道。

"我走了,你该死的!"

"你为什么走?"

"我知道!你想杀死我。"

看林人拉住他,说:

"得了,老弟!我倒以为你想杀死我。你不要走!"

"我要走!既然我们两个人都有同样的念头,那么有一个人就会活不了。"

流浪汉走了。剩下看林人一个人坐在长凳上,他淌下了平时不轻易落的农民的眼泪。

加陵停了一会儿,然后问我:

"也许我不应当让他哭吧?可是他对我说:'我伤心地哭了。'我问他:'为了什么?'他说:'尼古拉·叶果罗维奇[①],我不知道,我心里难过。'也许我应当让流浪汉住下来,说出像'你瞧,老兄,我们就是这样的人!'这一类的话。再不然就简单地写:他们躺下来睡着了,怎

[①] 叶果罗维奇:英译本作"盖奥尔吉耶维奇"。

么样?"

看得出来这个题材使他非常激动,他深刻地了解它的最阴暗的地方。他讲故事的时候,声音很低,就跟耳语差不多,而且讲得快;我觉得他好像清清楚楚地看见了看林人、流浪汉,还有黑色树丛中亮起来的蓝色电光,他好像听见了雷声、风声和树叶的响声。这个面貌清秀的文雅的人,他有一双女人的手,而且常常很高兴,总是精神饱满,想不到他居然把这种沉痛的题材藏在他的心里。这不像他的东西。他的作品的一般的调子是轻松的、快乐的。尼·盖·加陵跟人见面常带笑容,他把自己看作世界上需要的工人,而且他同那些知道自己有办法达到任何目的的人一样,有一种兴高采烈的、吸引人的自信心。我常常同他见面,不过总是"匆匆一晤",因为他始终很忙。他给我留下的印象是兴高采烈的,我记不起他有过沉思、疲倦和焦虑的时候。

可是他谈起文学来,总是带着迟疑、窘迫的口气,而且总是压低了声音。那次谈话以后,过了好久,我问他:

"您写了看林人的故事吗?"

他说:

"没有,这不是我的题材。这是契诃夫的,写这个需要他那种抒情诗的幽默。"

据我看，加陵自认为马克思主义者，只是因为他是一个工程师。马克思学说的积极性吸引了他。然而他听见别人在他面前谈到马克思经济学说的决定论（有一个时期谈这个是很时髦的事情），他就激烈地反驳，跟他后来反对爱·伯恩斯坦[①]的警句"最终目的是微不足道的，运动就是一切"[②]一样地激烈。

"这是颓废！"他大声说。"你不能在地球上造一条没有尽头的铁路。"

马克思改造世界的计划特别使他满意的是计划规模大；他把未来想象作一个巨大的集体劳动，这是刚从阶级国家的重重束缚下解放出来的全体人类所从事的集体劳动。

他是个天生的诗人，他每次讲起他喜爱的和他相信的事情来，就使人感觉到这一点。然而他是劳动的诗人，他是明显地着重实际、喜欢行动的人。我常常听见他发表极有独创性的、极大胆的意见。例如他相信用注射伤寒菌的办法可以治好梅毒；他肯定地说，他知道有几个患梅毒的人得了伤寒症以后梅毒就没有了。他甚至在小说里写到了这个：他的著作《大学生》中有一个人物就

[①] 爱·伯恩斯坦（1850—1932）：德国社会民主党中极端机会主义者，修正主义者和改良主义者。
[②] 这是机会主义的公式。列宁说过，这句"风行一时的话"再好不过地表明了修正主义的实质"临时应付，迁就眼前事件"，忘记了无产阶级的根本利益。

这样地治好了梅毒。在这一点上他几乎成了一个预言家，因为进行性瘫痪已经在用热病疟原虫注射治疗了，医学家们越来越多地讲起"平行疗法"①了。

加陵喜欢讲到"寄生虫的培养"，然而当时好像在美国已经有人发现杀死土豆害虫的寄生虫，而且利用过它们了。

一般地说尼·盖有俄罗斯人所谓的多方面的才能，而且他任意多方面地消耗自己的精力，也是完全依照俄罗斯方式的。然而听他谈起怎样预防块根植物茎叶的害虫，和怎样防止铁路枕木的腐烂，总是很有趣味；他谈到轴承合金和自动制动器等等也很能吸引人。

北方铁道的建筑者沙瓦·玛蒙托夫②在尼·盖·加陵死后，来到喀普里，我们谈起加陵，他说了这样的话：

"他有才能，而且是多方面的才能！他连穿他那件工程师的工作短外衣也显得很有才能。"

玛蒙托夫很会认识人的才能，他一生就是在许多像夏里亚宾，弗鲁别尔，③维克托尔·瓦斯涅佐夫这一类的人中间度过的，他给过这些人很大的帮助，而且他自己

---

① "平行疗法"：或译双重疗法。
② 沙·依·玛蒙托夫（1841—1918）：俄罗斯大工业家，第一家私立歌剧院的创办者。
③ 米·亚·弗鲁别尔（1856—1910）及下文的维·米·瓦斯涅佐夫（1848—1926）都是俄罗斯画家。

也是令人羡慕地很有才能。

加陵从满洲和朝鲜回来以后,皇太后在安尼奇科夫宫召见他。尼古拉二世想听听他的旅行的故事。

"这是些外省人!"加陵入宫晋见以后出来,耸了耸肩头,表示疑惑不解地说。

他大致用这样的话描写他晋见的情形:

"我并不隐瞒:我到他们那儿去的时候很紧张,甚至有点胆怯。去跟一亿三千万人民的沙皇见面,并不是结交普通朋友的事情。我不禁这样想:这样一个人一定跟寻常人不同,一定使人敬畏。然而我却看见一个和蔼可亲的步兵军官坐在那里抽烟,和悦地微笑着,间或问一句话,可是从没有问起沙皇应当关心的那些事情:在他的统治下面修筑了伟大的西伯利亚铁路,而且俄罗斯扩展到太平洋岸,在那里迎接它的不是朋友,也不是欢乐。这也许是我的天真的想法;沙皇是不应当对小人物谈这些问题的。可是那么他为什么召见我呢?他既然召见了我,就应当认真谈话,不要问:'朝鲜人喜欢不喜欢我们?'我怎么回答呢?我也问了一句话,可是问得并不得体:'您指的是谁?'我忘记了人们事先警告过我,我不能发问,我只应当回答。然而他问得这么简单又这么愚蠢,而太太们又不作声,我怎么能够不发问呢?皇太后惊讶地起先抬起这只眉毛,然后又抬起那只眉毛。皇后坐在她旁边,就像一个陪伴女人那样,身子僵硬地坐在那里,眼睛像石子似的,脸上带着受委屈的表情。看她的外表使我想起了一个老处女,她已经到了三十四岁,还抱怨大自然把生小孩的义务加在女人的身上。可是这个老处女不但没有小孩,连一点点恋爱经验也没有。皇后跟这个老处女相似的事情使我有点不舒服,而且有点感到拘束。总之,这一切叫人感到气闷。"

这些话也是他匆匆地说出来的,他好像因为自己说了这样无味的事情感到烦恼了。

过了几天他得到正式通知,沙皇给了他一枚勋章,我想大概是符拉季米尔勋章吧。然而他并没有拿到这枚勋章,马上就给驱逐出彼得堡去了,因为大学生和群众在喀山大教堂前面举行示威,受到了殴打,他和其他的文学家们联名发了宣言表示抗议。

朋友们跟他开玩笑道:

"尼古拉·盖奥尔吉耶维奇,您的勋章溜掉了吗?"

"魔鬼毁掉它们,"他生气地说,"我在这儿还有重要的工作,现在我就得走了!不,您想象看多么愚蠢!我们不喜欢你,所以你不能在我们这个城市住下去,也不能工作!不过我在别的城市里面还不是跟现在一样!"

过了几分钟,他就已经谈起有必要在沙马拉省造林来阻止东面沙漠的西移了。

他的头脑里总是装满了大计划,他最爱讲的一句话就是:

"应当斗争。"

应该为了防止伏尔加河水变浅而斗争,为了制止在外省推销《证券交易所公报》而斗争,为了防止峡谷扩大而斗争,总之——斗争!

"而且为了反对专制政体。"工人彼特罗夫(加朋[①]的信徒)在旁边提醒他说。尼·盖高兴地反问道:

"您不满意您的敌人愚蠢,您倒愿意他更聪明,更有力量吗?"

瞎了眼睛的尼·瓦·谢尔古诺夫是一个老革命家,而且是第一批加入社会民主党的工人,他打听道:

"这是谁说的?说得好。"

一九〇五年夏天在库奥克卡拉[②]尼·盖·加陵交给我一万五千或者两万五千卢布,要我转交列·包·克拉辛[③]

---

① 盖·阿·加朋(1870—1906):彼得堡一个工人区的牧师,一九〇五年一月九日(公历一月二十二日)率领工人向沙皇请愿,许多工人在冬宫前面遭到枪杀。加朋的本来面目终于被人们揭露:他是沙皇暗探局的特务。一九〇六年三月工人们把他勒死在彼得堡郊外。
② 库奥克卡拉:彼得堡附近的疗养镇,现在改称为列宾诺。
③ 列·包·克拉辛(1870—1926):党内别名尼基季奇,电气工程师。

作党的基金。在这里他遇到了各色各样的人（这是谦虚的说法）。在别墅的一间屋子里面，巴·米·鲁千别尔格正在同两个当时还没有被揭发的特务叶弗诺·阿节夫和塔塔罗夫①商谈事情。孟什维克沙尔狄科夫在另一间屋子里跟符·列·贝努阿商量把"解放社"的运输材料移交彼得堡委员会的事情，我仿佛记得当时还没有被揭露的多勃罗斯科克即金眼的尼可拉也在座。我在别墅里的邻人钢琴家奥西普·加勃里洛维奇同画家伊·耶·列宾②一块儿在园子里散步；彼特罗夫、谢尔古诺夫同加陵坐在阳台的小阶磴上。加陵还是像往常那样地匆忙，时时看表，他同谢尔古诺夫一起在劝说彼特罗夫，想动摇彼特罗夫对加朋的信仰。加陵后来走进了我的屋子，我这个房间有门通向别墅的大门。

我们看见身体笨重、嘴唇很厚、有一对猪眼睛的阿节夫穿了一身黑衣服同那个跟化了装的礼拜堂执事一样的长头发的胖子塔塔罗夫动身到火车站去，忧郁的、枯瘦的沙尔狄科夫和谦虚的贝鲁阿跟在他们后面。我还记得鲁千别尔格朝着他那两个特务眨眼睛，一面向我吹

---

① 叶·阿节夫和尼·塔塔罗夫都是社会革命党人；阿节夫还是领导人物，到一九一二年他才现出原形，那时他已经逃到国外去了。巴·米·鲁千别尔格也是社会革命党人。
② 伊·叶·列宾（1844—1930）：俄罗斯现实主义艺术家。

牛道：

"我们的人比你们的更可靠。"

"你们这儿人多，"加陵叹息地说。"生活过得有趣味！"

"您用不着羡慕我们。"

"我怎么呢？我到处跑来跑去，好像我是魔鬼的车夫一样，生活就在我面前过去了，我马上就到六十了，可是我做过什么事呢？"

"《乔马的童年》《中学生》《大学生》《工程师》——简直是完整的史诗！"

"您太好了，"他笑道。"然而您明明知道，这些书写不写都没有关系。"

"很显然，这些书是非写不可的。"

不，是可以不写的。总之，现在不是写书的时候……"

我觉得这是我第一次看见他露出倦容，而且有点情绪低落，不过他身体不好，他有热度。

"老朋友，他们就要抓您，"他突然说。"我有这样的预感。我不久就会死的，——这也是我的预感。"

然而过了几分钟，在喝茶的时候，他又恢复他平日的那个样子，他还说：

"俄罗斯是最幸福的国家！这里有多少有意思的工作，有多少惊人的潜力，多少复杂的事业在等着我们！我从来没有羡慕过任何人,可是我羡慕将来的人,那些活在我们后面三四十年的人。好吧,朋友,再见!我——走了。"

这就是我们最后的一面。他真是死在"向前迈步的时候"。他参加一个文学方面的会议,热情地讲了一番话以后,走进了隔壁的房间,在沙发上躺下来,心脏麻痹截断了这个有才能的、永远精力饱满的人的生命。

米哈依尔·普利什文[1]

要写文章谈到您,并不是容易的事情,米哈依尔·米哈依洛维奇[2],因为这需要您那支非常出色的笔,然而我知道我做不到这样。

而且对于像米·普利什文这样一个有独创性的艺术家,在俄罗斯文学中已经做了将近二十五年卓越工作的文学家,玛·高尔基要为他的文集写一篇类似解说的文章,总有点为难。好像我还疑心读者愚昧、缺乏理解力似的。

我提起笔觉得为难,还有一个原因,我开始文学工作虽然比您早,可是我是您的一个细心的读者,从您的

---

[1] 本文最初发表在一九二六年十二月号《红色处女地》上,后来作者把它略加修改,印在一九二七年版《普利什文全集》第一卷的卷首,作为《全集》的序言。

[2] 米·米·普利什文(1873—1954):俄罗斯苏维埃作家。

书中学到了很多东西。不要以为我说这句话是出于礼貌或者由于"虚伪的谦虚"。这是真话——我学到了很多东西。一直到今天我还在学习,不仅向您这个完美的大师学习,我甚至向比我年轻三十五岁的作家们学习,向刚刚开始写作的青年学习,那些青年作家的技巧还不能适合他们的才能,可是他们的声音里充满了新的力量和朝气。

我学习,不仅是因为"学习永远不会太迟",也因为对人来说,学习是一件自然的、愉快的事情。而且不用说,尤其是因为艺术家只能从艺术家学到技巧。

米哈依尔·米哈依洛维奇,从《黑阿拉伯人》《小圆面包》《在飞鸟不惊的边区》等等发表的时候起,我就开始向您学习了。您的著作中那种纯洁、干净的俄罗斯语言吸引了我,您把简单的字组织成有弹性的句子,使您所写的一切都能传给人一种差不多是肉体的感受——我欣赏您这种完美的技巧。在我们的作家中间很少人像您那样把这个技巧发展得如此生动、如此完美。

然而我仔细地重读您的著作,我还在它们里面找到了一个更大的优点,这是您一个人特有的优点,我在其他任何一个俄罗斯艺术家的作品中都不曾见到。

我们中间不论在过去或者在今天都有许多人能够用文字把风景描绘得令人神往。我只消提起伊·谢·屠格涅夫、阿克沙科夫①的《一个带枪猎人的笔记》和列夫·托尔斯泰的那些美妙的图画就行了。安·巴·契诃夫好像用有颜色的小珠子绣出了他的《草原》。谢尔盖耶夫－青斯基②描绘克里米亚的景色,犹如萧邦在用芦笛演奏。我们那些语言艺术的巨匠们描绘大自然景色的名作并不止这么一些,还有更多的优美动人的,甚至有力的东西。

在一个相当长的时间里面,我很喜欢这一类对于大自然的抒情的赞美歌,然而后来这些赞美歌渐渐地给我唤起了一种疑虑的感情,甚至引起我的抗议。我开始感觉到在人们用来描写"大自然美"的优美动人的辞藻下面隐藏得有什么东西,那就是想用符咒来驱除那个又残酷又愚蠢的怪兽利维坦③的一种不自觉的企图(利维坦就是糊里糊涂地产下无数鱼子、又糊里糊涂地把它们吃光的怪鱼)。这种对于大自然的赞美又好像是一个面对着自己还没有能解答的谜的人所感到的那种自卑心情。人对于大自然美的崇拜里面有一种"原始的返祖现象"一类的东西。(其实这种美还是人靠了他自己的想象力给大自然带来的,过去是这样,现在也是这样。)

事实上沙漠里并没有美,美是在阿拉伯人的灵魂里

---

① 谢·季·阿克沙科夫(1791—1859):俄罗斯作家。
② 谢·尼·谢尔盖耶夫－青斯基(1875—1958):苏维埃俄罗斯作家。
③ 利维坦:《旧约圣经》中的海里巨大怪兽。

面。同样在芬兰的阴沉的景色中也没有美,芬兰人想象出了美,把美送了给自己那个呆板的国家。有人说:"列维丹①在俄罗斯风景中发现了美,这种美是他以前的任何一个人所没有见过的。"的确没有人能够看见,因为这种美并不存在。列维丹并没有"发现"这种美,他不过把这种美当作人送给大地的礼物带来罢了。在他以前,鲁依斯达尔、克洛德·罗兰②以及其他几十位大画家都很慷慨地把美送给了大地。像《宇宙》的作者洪波尔特③那样的科学家也把大地装饰得非常漂亮。唯物主义的赫克尔④高兴在很难看地缠在一块儿的海草上和在水母的身上找寻"形体美",他居然找到了它,而且差不多要使我们相信:的确,很美!然而古希腊人(他们是最精细的美的鉴赏家)却认为水母是丑得叫人害怕的东西。人学会了用漂亮、悦耳的话来描写冬天暴风雪的怒吼狂号,来描写毁灭船只的海浪的可怕的舞蹈,来描写地震和台风。光荣归于人,他应当得到赞美,因为他靠他的意志力,靠他的想象,勤劳不倦地把"宇宙"的一块不毛的土地变

---

① 伊·伊·列维丹(1861—1900):俄罗斯的写生画家。

② 雅各·鲁依斯达尔(1628—1682):荷兰风景画家;克洛德·罗兰(1600—1682):法国风景画家。

③ 亚历山大·洪波尔特(1769—1859):德国自然科学家和旅行家,《宇宙》是他的主要著作。

④ 艾·赫克尔(1834—1919):德国自然科学家和进化论者。

成他的住处,使大地越来越宜于居住,让人感到舒适,他还努力设法要掌握大地内部一切不可思议的力量。

可是,米哈依尔·米哈依洛维奇,在您的书里面我并没有看见人拜倒在大自然面前。据我看来您写的并不是大自然,却是比大自然更伟大的东西——就是大地,我们伟大的母亲。您把对于大地的热爱和关于大地的知识非常和谐地结合在一起,我在您的著作中所见到、所感觉到的这种和谐的结合,我在任何一个俄罗斯作家的作品中从没有遇到,也从没有感觉到。

您对于树林和沼泽、鱼和鸟、草和兽、狗和昆虫都有极其丰富的知识,——您心中心的世界是多么惊人地富饶,多么惊人地辽阔广大。尤其惊人的是您有那么丰富的简单、明净的辞藻,来表示您对大地、对生活在大地上的万物、对整个"生物界"的热爱。您在《鞋子》里面写道:"再没有比讲到好的东西更困难的了。"我以为这只是因为"想把文字的力量加强到会产生肉体感受的程度",就像您在《鞋子》里面所说的那样。

我读《别连杰依泉》的时候,看见您像一个"生得漂亮的少年",像一个新郎,您那些关于"大地的秘密"的话在我听来好像说话的人是一个属于未来的人,是大地的全权的君主和丈夫,是大地的奇迹与欢乐的创造者。这就是我在您的著作中发现的极有独创性的特点,我觉得这个特点很新，而且十分重要。

人们通常总是这样地对大地讲话：

"我们是你的。"

您却对大地说：

"你是我的！"

的确是这样：大地属于我们的程度比我们平常所想的更多。著名的俄罗斯科学家威尔纳德斯基①坚决地而且很有才能地提出了一个新的假设，证明我们这个石头和金属的行星上的肥沃土壤是由那些从有生命的物体来的有机的元素构成的。这个物体在没法计算的长时期中间，侵蚀了，破坏了我们行星的坚硬的、不能生产的表面，就像一直到今天，青苔－"虎耳草"和别的几种植物还在破坏岩石一样。植物和细菌不仅使大地的硬壳松动，它们还创造了大气，就是我们在其中生活的而且我们所呼吸的空气。氧气也是植物生机活动的产物。我们从那里得到粮食的肥沃土壤也是由死掉的昆虫、鸟、动物，和落下来的树叶、花瓣所形成的。数不清的亿万的人拿自己的肉体给大地作了肥料；的确这是我们的大地。

把大地当作自己的肉一样的这种感觉是您的著作非常清楚地传给我的，您是那个伟大母亲的儿子和丈夫。

<u>这种说法听起来好像有乱伦的意味。然而事实是这</u>

---

① 符·伊·威尔纳德斯基（1863—1945）：苏联科学家。

样：人是由大地生出来的，可是他又用自己的劳动使大地怀孕，用自己美丽的想象美化大地。

全宇宙呢？宇宙学家们，天文学家们，天体物理学家们都忙着热情地而且很有技巧地使全宇宙变得完美。对艺术家来说，使他的大地完美，倒跟他的心灵和智慧更接近，而且更重要。宇宙的灾祸倒不及社会的灾祸意义重大。倘使在银河里面什么地方有一个我们完全不知道的太阳死灭了，我们的天空不会因此显得更苍白，也不会变得更阴暗。太阳又会发光的，可是九十年已经过去了，却不见一个新的普希金诞生。

宇宙的秘密不及下面这个令人惊奇的谜更有趣，更重要：究竟靠什么样的奇迹，无机物会变成有生命的东西，有生命的东西又会进化为人，而且会生出像罗蒙诺索夫① 和普希金、门德列耶夫② 和托尔斯泰，巴士德和马可尼③，以及其他千百个伟大的思想家和诗人（这些人都是用我们的人类思想，用我们的意志来创造第二天性的

---

① 米·瓦·罗蒙诺索夫（1711—1765）：俄罗斯学者，启蒙运动的倡导者，现代自然科学的创始人之一，唯物主义思想家。
② 德·伊·门德列耶夫（1834—1907）：俄罗斯化学家。
③ 居·马可尼（1874—1937）：意大利工程师。一般人把他当作无线电报的发明者。其实无线电的发明人是俄罗斯科学家亚·斯·波波夫（1859—1906）。一八九六年马可尼按照波波夫的设计装了一架无线电报机带到英国，便把无线电的发明权据为己有了。

劳动者）呢？

米哈依尔·米哈依洛维奇，您的著作很清楚地说明您是人的朋友。我可以如此容易而且毫无保留地这样论断的艺术家除了您以外就没有多少了。您对于人的友爱的感情是合乎逻辑那样简单地从您对于大地的热爱，从您的"爱土地主义"，从您的"土地乐观主义"产生出来的。有时候您好像站得比其余的人高一级，但同时也绝不损害别人的尊严。您对于人的极其关心注意的友爱证实了我的这个说法，不管您的那些人物或者由于贫穷而做坏事，或者因为软弱而对人好，或者由于憎恶痛苦而折磨别人，或者因为习惯于服从既成事实而成为牺牲品。您的人物是属于大地的，而且同大地非常友好。您的人物比别的作家笔下的人更"合于地质学－生物学"，您的人是伟大母亲的最合法的儿子，是"人类神圣身体"的真正活的一部分。您始终记得，而且记得特别牢，人类从燧石斧子的时代到飞机的时代中间所走过的艰苦的不可思议的道路。

然而您主要使我喜欢的是您知道怎样根据人身上好的品质（不根据人的缺点）来衡量人，给人评价。一般人要有这种简单的智慧可不容易，也许根本就办不到。我们并不想记住，人身上好的品质就是他过去和现在所创造的一切奇迹中最惊人的。因为说实在话，人并没有理由要做"好"人，大自然的法则和社会生活的条件都不鼓励人身上善良的和人道的东西。然而您和我都认识不少真正的好人。是什么使他们变成这样的？只有一样东西：愿望。我就只能见到一个动机——人愿意自己变得比本来更好，而且他做到了。难道在我们的大地上面还有什么比这个最复杂的生物——人更出色、更可惊奇的吗？他虽然内心充满了矛盾，却在自己身上培养了惊人的想象力和毫无顾忌地挖苦自己的鬼才。

我从许多人那里学会了怎样观察人，判断人；我觉得我认识您这个艺术家以后也学到了判断人——究竟怎样，我不能恰当地说出来，不过——比我以前对人的看法好得多。

特别是俄罗斯人由于他过去所经历的一切和他现在正在经历的一切，应当受到不同的待遇，——一种更高的看法，更大的注意和更多的尊敬。不用说，我看得很清楚，他还不是天使，而且我也不希望他做天使，我只想看见他做一个热爱自己工作并且了解它的巨大意义的劳动者。

对于所有我们这些努力在创造一种新的生活的人，最重要的是我们应当感觉到彼此非常接近。我们生活在其中的艰苦的时代和我们所从事的规模巨大的工作需要我们这样做。

"写了的东西是涂不掉的。"

我很可能在某些地方说错了话,也可能有夸张的地方,不过我要是有错误和夸张,我自己也是有意这样做的,因为大家知道我是一个爱思考的人,而且在某些方面我还有些傲慢。我以为像我这样说错话,并没有害处,因为我说错话,并非由于我想用"高尚的谎话"来安慰自己或者安慰朋友,而是由于我预先感觉到我是站在真理的一边,这个真理是必然要实现的,只有它才是人们所需要的,而且人们作为大地的丈夫,一定要受到这个真理的鼓舞。

回忆布罗克

亚历山大·布罗克

一

……我有时候觉得俄国的思想害了惧怕它自己的病;它极力想躲开理性,理性是它所不喜欢的,而且是它所害怕的。

那条最狡猾的蛇V.洛沙诺夫①在《孤独》中痛苦地叹息道:

"啊!我的悲痛的经验!为什么我从前想要知道一切呢?现在我不能够再像我所期望的那样安静地死去了。"

列夫·托尔斯泰一八五一年五月四日在他的《青年时期的日记》里粗暴地表白说:

"知识是人所能达到的最大的道德上病痛。"

陀思妥耶夫斯基②也说过同样的话:

---

① 洛沙诺夫(V. V, Rozanov,1856—1919):俄国宗教思想家和著作家。
② 陀思妥耶夫斯基(F. Dostoevsky,1821—1981):俄国小说家。

"……知道得太多了，这是一种病，一种真正的，一种完全的病……许多的知识，甚至一切的知识都是一种病……"

现实主义者毕森斯基[①]在写给麦尔尼科夫－柏切尔斯基[②]的一封信里发出了这样的呼声：

"让魔鬼拔去那思想的习惯，那个心灵的疥疮。"

L. 安德烈叶夫说：

"理性有一种奸细的性质，有一种特务的性质。"

他又推测道：

"理性很可能就是这个戴假面具的老巫婆：良心。"

在俄国的作家中间我们可以找到几十条这一类的警句，它们很明显地证明出来一件事实：对于理性的力量缺乏信心。这事实对于这国家[③]指沙皇时代的俄国。里的人们是极有意义的，因为这个国家的生活是建筑在极不合理的基础上面。

奇怪的是，《积极的进步》的著者 P. F. 尼可拉也夫本来是一个跟这种癖性毫不相干的人，他在一九○六年写给我的信里面也说了这样的话：

---

① 毕森斯基（Alexei T. Pisemski, 1820—1981）：俄国小说家和剧作家。他的长篇小说《一千个农奴》在农奴解放的前夕出版。

② 麦尔尼科夫－柏切尔斯基（Melnikov Petchersky）：俄国民间小说家，作品有《林中》《山上》等。

③ 指沙皇时代的俄国。

"知识增加需要，需要引起不满足，不满足的人是不幸福的，所以人在社会上装模作样，而在个人方面却是值得同情的。"

这是一种绝对不可解的佛教思想。

还有，孟坦尼①也悲戚地叹息着获得一种空泛的知识之无用，他说无知和缺乏求知欲望都是给一个良好头脑用的软枕。

他以为野蛮人之所以长寿，是由于他们对于科学和宗教的无知，而他却不知道野蛮人也有这方面的知识，不过只是在一种极幼稚的状态中罢了。伊壁鸠鲁派学者②孟坦尼生活在宗教战争的时期里面。他有一种开明的人生哲学，他以为野蛮人的食人主义还不及宗教裁判所的刑罚可恶。③

三百年以后列夫·托尔斯泰讲起孟坦尼，却说："孟坦尼粗俗。"

托尔斯泰的思想不论在形式上或者根柢上都是宗教的。我不相信教条主义会使他满意，并且我怀疑他会从思想的过程中得着快乐，而像叔本华那样的哲学家在赞

---

① 孟坦尼（Michel E. de Montaigne，1533—1592）：法国散文家。
② 伊壁鸠鲁（Epicurus，纪元前341—270）：古希腊哲学家。这里的"学者"，指伊壁鸠鲁学说的信从者，亦称享乐主义者。
③ 见孟坦尼的《散文集》第一部，三十章《论吃人肉者》。他以为"借虔信和宗教的名义"残杀活人比在人死后吃他的肉，更野蛮得多。宗教裁判所是中世纪里面欧洲基督教国家中残杀迫害异教徒和进步思想的机关。

赏他们的思想的发展的时候却无疑地感到了那种快乐的。据我看来，列夫·托尔斯泰是把思想认作一种可憎恶的义务的，而且我觉得他好像一直没有忘记忒他连①的话，"思想是一个罪恶，"这句话表示出一个被怀疑折磨着的狂信者的绝望来。

那班教条主义者对于思想的害怕和他们对于思想的憎恶，它的来源不是可以在《圣经》里面找到的吗？《圣经》里有着这样的话：

"现在阿撒泻勒教人做剑和刀，他又教给他们各种的手艺……对他们解释星星和月亮的运行。地上也有不少渎神和放纵的行为，而人们也就走入迷途了……"②

我那天和亚历山大·布罗克意外地见面谈话以后，就一直想着这个问题。我跟他一块儿走出世界文学社③的时

---

① 忒他连（Tertullianus，160？—230？）：拉丁的教会著作家。
② 这一段话是从《以诺书》第八章一、二节中引来的。《以诺书》是纪元前一七〇年用希伯来文或阿南文写成的著作，已失传，忒他连曾经引用过它。一七六九年英国旅行家 J. 布路斯在阿比西尼亚发现这书的阿文译稿。《以诺书》一八三八年在牛津第一次印行。教会认为它是伪经，所以没有把它收进《圣经·旧约》里面去。一九〇六年在巴黎出版的马丁教授的法文译本中最后两句作："渎神的行为重大而普遍；他们奸淫，他们离开正路，于是他们的所有的路全腐化了……"
③ 世界文学社：高尔基在十月革命以后创办的一个编译世界文学名著的出版社。

候，他问我对他的那篇《人文主义的衰落》①有什么意见。

几天之前他对我念过一篇关于这题目的类似报告的作品，一篇短文，我觉得这文章相当晦涩，而且充满了悲剧的预感。布罗克念他的文章的时候，使我联想到童话里面的小孩子，他在树林里迷了路，在黑暗中觉得妖怪慢慢地走过来了，他结结巴巴地在念着咒语，希望会把妖怪吓退。他翻着原稿的篇页的时候，他的手一直在打颤。我弄不明白，人文主义的没落究竟使他悲伤呢，还是使他高兴。他的散文不及他的诗有那样多的柔韧性和才华，可是他理解很深。总之，这是一个"没落"的人。我觉得，布罗克的信仰相当紊乱，连他自己也会有这样的感觉；他的文学并没有深入到他那个把他跟他叫做"人文主义"的一切一块儿毁掉了的思想的深处去。

这文章里面的某一些思想在我看来似乎考虑得不够周到，例如：

"教化大众，是一桩不可能而且有害的事。"

"发见让步给发明。"

十九世纪和二十世纪之所以有这么多的发明，正是因为在这个时期里面有着极丰富而又极大的科学的发

---

① 《人文主义的衰落》：布罗克在一九一九年发表的讲演辞。他开始就说："我们所谓的人文主义主要地是指中世纪末期在意大利流行后来又风靡整个欧洲大陆的那个大运动。它的口号是'人'，自由的个性，并且因此个人主义就是人文主义的主要的而且最基本的特征。……"（从 L. 非里卜司的英译文转译）

见。至于说到教化俄国人民是不可能而且有害的事,这是"西特主义"①的表现。我在那儿看到了一种对俄国民众的有机的反国家主义的让步。可是布罗克对"西特主义"有什么需要呢?

我尽可能谨慎地对他讲话。跟他谈话是件困难的事;我觉得,他好像看不起一切对他的世界不习惯不了解的人;而我却无法了解他的世界。在这一阵子我和他一块儿一个星期两次去参加"世界文学社"的编辑委员会,②我们常常从俄国文字的奥妙这个观点上去讨论一些翻译的缺点。可是这并没有使我们更接近些。差不多这委员会的全体委员都对工作不感兴趣,他也跟他们一样。③

他对我说,他看见我免除了"一般知识分子所常有的想解决社会生活问题的习惯",他很高兴。

"我总觉得这不是从您的知识来的,"他说。"在《奥

---

① "西特主义"(Scythisme):某一些教会著作家用来称呼"野蛮民族的宗教"的名字。

② 布罗克(和两个教授)在委员会中负责德国文学这一部分的工作。

③ K.丘可夫斯基(苏联著名儿童文学家)在《编辑〈世界文学〉丛书时的高尔基》里面说过:"逐渐地我们开始觉得,他仿佛对《世界文学》冷淡起来了。他到我们会议来的时候比较稀少了,在工作时间皱着眉头,已经不在壁炉旁边向我们讲他的传记的片段了。好像他对我们的工作,对我们都失望了。逐渐地对他显露出来,就是我们中间有自炫博学的人,有饶舌者,有靠著作糊口的人。他和他们在一块的时候变成枯燥而严厉的,并不是为了要显露他们的罪名和责备他们,而是忧愁地蹙着眉、注视着他们,而且从来不开口和他们说话……"(借用《高尔基研究年刊》中磊然的译文。)

古洛夫镇》①里面人已经看出来了那些幼稚的问题（最深刻而又最可怕的问题）在折磨着您。"

他错了，可是我也不去反驳；倘使他高兴这么想，并且认为这是必要的话，就让他这么想吧。

"您为什么不写点关于这个题目的文章呢？"他固执地问道。

我回答他说关于生死、爱情等等的意义的问题是完全个人自身的问题，我把这些问题保留给自己去考虑。我不喜欢把它们搬到大街上去，倘使有时候我不得不这样做的话，我总是做得很笨拙。

"讲自己这种巧妙的技术是我所没有的。"②

我们走进了夏园，我们坐在一条凳子上。布罗克的眼睛看起来差不多是疯狂的。在他的眼光里，在他那冷漠而又痛苦的脸孔的颤动中，我看出了他有一种想说话、想探问的热望。他一面用脚踏着太阳映在地上的图画，一面责备我说：

"您瞒着呢，您把您关于精神，关于真理的思想隐藏起来，为什么呢？"

他不等我有时间来回答，他又用一些令人讨厌的责备话谈起俄国的知识分子来；这些话在革命以后讲起来，

---

① 《奥古洛夫镇》：高尔基的中篇小说。
② 照法文原文直译应该是："讲自己是一种我所没有的巧妙的技术。"

比在从前更不妥当。

我对他说，照我的意见看来，这种对知识分子的憎恶正是一种纯粹知识分子的态度。这种憎恶是不会跑到农人的头脑里去的，因为农人看到的知识分子就只有地方自治会的充满牺牲精神的医生和神圣的小学教员；也不会跑到工人的头脑里去，因为工人们得到的政治教育还是知识分子给他们的。这种态度是错误的，而且有害的，因为它毁掉了知识分子的自尊心和他们对他们的历史的、教化的工作的尊重。总之，不论在什么时候，今天也好，昨天也好，我们的知识分子从前担任过，现在担任着，将来也还要担任下去历史的驮马的角色。知识分子由于他们的不断的努力已经把无产阶级提高到这样一种革命的高度，倘使我们就这革命所想即刻解决的问题的深度和广度来说，那么它实在可以说是空前的了。

他好像并没有在听我讲话，却带着忧伤的神情望着地面，可是等到我一闭嘴，他又跟我讲起知识分子对于布尔塞维主义的迟疑不决的态度来，在他对我讲的一些话中间有几句话他说得非常正确：

"既然从地狱里唤出了破坏的鬼来，那么还说'这不是我们干的，是这些人干的'，这未免是无耻了。布尔塞维主义就是知识分子在教育中、在报纸上所做的全部工作以及他们的秘密活动的不可避免的结果。……"

一个面孔漂亮的太太殷勤地对他打招呼,可是他那冷淡的而且差不多带着轻蔑的态度使得她不好意思地笑了笑,就走开了。布罗克一面望着她的一双小脚走着摇晃的步子,一面问我道:

"关于不死,关于不死的可能性您是怎样看法呢?"

他固执地追问我对这个问题的意见;他的眼睛顽固地望着我。我对他说拉门勒①也许不错。既然认定在宇宙中间物质的质是有限的,那么我们就应当承认每一种组合在无限的时间里会重复到无限的次数。从这个观点看来,那么在几百万年里面,一个春日的阴寒的晚上,在彼得堡,布罗克和高尔基两个人又会坐在夏园里一根长凳上,谈论着不死的问题,这也是很可能的事。

他问我:

"您是在认真地说话吗?"

他的固执使我吃惊,并且使我有点不高兴,虽然我也感觉到:他这样追问我并不是为了单纯的好奇心,却是为着一种想消灭、驱除痛苦不安的思想的愿望。

"我并没有理由在那一切关于这个问题的意见中间单单看轻拉门勒一个人的意见。"

"可是您个人呢,您怎样想法?"

---

① 拉门勒(F. R. de Lamennais,1782—1854):法国社会主义者。以前做过牧师,后来渐渐左倾,一八三四年脱离教会,刊行《一个信仰者的话》一书。

我觉得他到这时候为止讲话都很小心,并且不多开口,现在他却顿起脚来了。

"我吗,就我个人来说,我倒愿意把人当作一架机器——一架把人身上的所谓'死的物质'变成'心灵的能'的机器,我倒愿意想像着在很远很远的未来,有一天这机器会把宇宙变成纯粹的精神。"

"我不懂。那么这是泛心论①吧?"

"不。因为除了思想之外,将来什么都不会有;一切都会消灭,全变为纯粹的思想;只有思想会继续存在下去,它会把人类的全部智慧(从它的最初的闪光一直到最后的思想的激发全包括在内)具体表现出来。"

"我不懂。"布罗克昂起头再说了一遍。

我对他说明,他应当把世界看作物质分解的继续不断的进程。物质在分裂的时候总是不断地产生各种形状的'能',譬如光、电磁波、电波等等……不用说,辐射能的现象也是一样地跟这个有关系的。思想是脑的原子的分解的结果,而脑又是死的、无机的物质的元素创造成的;在人脑中这个物质不间断地变成心灵的能。我倒这样想:将来有一天人所吸收了的一切的物质会由他的

---

① 泛心论(panpsychisme):即谓宇宙全体甚至其中各最小的部分也有心的一面之说。或译作"万有精神论,"意思是:一切自然物皆有精神潜在,下至无机物亦然。

脑子而变成一个唯一的能,一个心灵的能。这个能会在它本身里面找到和谐,它会停止在它自己的思考上面,停止在关于它自身中所含有的种类多得无限的创造的可能性的思考上面。

"悲哀的幻想,"布罗克说,他讥讽地微笑了。"我记起物质不灭的法则跟您的这番话冲突,倒觉得高兴。"

"至于我呢,我想到那些在实验室里面创造出来的法则并不总是跟我们至今还不知道的宇宙的法则相符合,我倒觉得高兴。我相信倘使我们能够时常把我们这个行星①拿来秤一下,我们便会证明它的重量是逐渐在减少的。"

"这全是无聊的话,"布罗克扬起头说。"事情却更简单。事情是这样:我们变得太聪明了,所以不能够信仰上帝,可是要我们单单相信我们自己,我们又不够强健,办不到这个。而事实上所谓生活与信仰的支持者,就只有上帝和我自己。人类吗?可是在这次战争②以后,又在另一些不可避免的、更残酷的战争的前夕,人还能够相信人类的理性吗?不,您的幻想是可怕的!不过我想您不是讲正经话吧。"

他叹了一口气。

---

① 行星:指地球。
② 战争:指第一次世界大战。

"倘使我们能够完全停止思想，就只是停止十年也好……弄灭那个总是引着我们在世界的黑夜里一直往前走的骗人的鬼火，拿我们的心去听全宇宙的谐音。脑子，脑子，……这是一个不大确实的器官，大得可怕，而且发达得厉害！肿得像一个瘤子似的。"

他闭紧牙齿，不作声了，随后又低声说了一句：

"难道人不能够阻止运动，废除时间——"

"倘使人对于运动的一切的形式都给规定一个唯一的、同样的速度，那么运动就会停止了。"

布罗克斜起眼睛望着我，皱起眉毛，困恼地说了些莫名其妙的话，而且说得很快；我不再懂得他在说些什么了。我有一个奇怪的印象：他好像在脱掉一身的破衣服。

他突然站了起来，伸手给我握了一下，便向着电车走去了。他的脚步乍看起来好像很稳定，可是仔细地一看，人便看出，他在用他那两只摇晃不定的腿一摇一摆地走着。他虽然穿得很漂亮，人却想看见他穿别样的服装，不要跟别的人相同。古米勒夫① 即使穿着拉伯兰人或埃斯基莫② 人的毛衣，看起来也好像穿得跟别的人一样；

---

① 古米勒夫（Nicola S. Gumilev, 1886—1921）：俄国诗人。因图谋推翻苏维埃政府被处死刑。

② 拉伯兰人是居住在北欧 Lapland 的一种民族，共约三万人。埃斯基莫人（Esquimeau）是散布于北美洲的北极和亚北极区域的一种土著民族，在西伯利亚东北部朱克支半岛上也有少数的埃斯基莫人。

而布罗克却应当穿得特别不同。

我正在追记我和布罗克的谈话的时候，一个波罗的海舰队的水兵跑来找寻"有趣味的书"。他很喜欢科学，正盼望着科学来给他解决一切"生活中的错杂纷乱"，他讲起科学来总是充满着热诚和信仰。今天他讲了一些别的事情之外，还告诉我一个惊人的消息。

"您知道吗，有人说一个美国的科学家发明了一架非常简单的小机器。一根管子，一个轮子和一个把手。人摇动把手，便什么都看见了：分析、三角法、批评，以及一般地说，生命的全部历史的意义。这个小机器会把它指给您看的，并且它发出尖锐的叫声来。

"这个小机器特别叫我喜欢的，就是它发出尖锐的声音。"

二

在布朗热饭店①里面一个聂夫斯基大街的"姑娘"对我讲了下面的故事：

"您手上拿的这本小书，就是那个有名的布罗克著的吗？我呢，我也认识他，至少有过这么一回。是在一

---

① 布朗热（Boulanger）：这个法国字有几个意思：面包商、一种舞蹈、农人到市场运物的荷车。译者未见到俄文原著，不知道那饭店的原名是俄文还是法文。

个秋天的晚上,已经很迟了,您知道,街上有泥,又有雾;都玛①的大钟已经快到十二点了,我倦得很,我打算回到家去;突然间在意大利人街的角上,我给一个衣服穿得很整齐的、漂亮的、样子很骄傲的男人唤住了;我还以为他是一个外国人呢。我们一块儿走路到离这儿不远的地方,加拉凡拉亚街第十号去,那儿有着给人幽会的屋子。在路上单是我一个人讲话,他一句话也不说。这倒使我不高兴起来;人家不习惯这种事情,而且我不喜欢没礼貌的人。我们走到了,我要茶喝;他按铃,茶房却不来。他便自己到走廊上去,您知道,我那时真觉得冷,我就在那张沙发上睡着了。后来我突然地醒了过来:我看见他坐在我面前。两只手捧着头,肘拐放在桌上,他带着极严肃的神情,用一对怕人的眼睛望着我!可是我呢,我连怕也不怕,我却很不好意思。我只是想着:啊,我的上帝,这应当是个音乐家吧!他长了一头的鬈发。'呀!对不起,'我对他说,'我立刻就脱衣服。'他呢,他对我客气地笑了笑,回答说:'不必了,不要麻烦吧。'他在沙发上坐下来,把我抱到他的膝上去,摸着我的头发,一面对我说!'好吧,您再睡一忽儿吧。'您想像看,我又睡去了。多羞耻!自然我明白这是不好的,可是我也没有别的办法。他轻轻地摇着我,跟他在一块儿

① 都玛(Douma):一九〇五年以后成立的俄国国会。

很舒服。……我睁开眼睛,我对他微笑,他也对我微笑。我相信我真的睡着了,他小心地推着我,对我说:'再会,我得走了。'他放了二十五卢布在桌子上面。我对他说:'喂,怎么一回事?'自然我很不好意思,我求他原谅。这一切都很滑稽,很特别。他呢,温和地微笑着,跟我握了手,并且居然还亲了我的手。他走了,等着我走的时候茶房对我说:'你知道跟你在一块儿的是谁?这是布罗克,诗人;你看。'他指给我看一份杂志上面的一张像:这是真的,这是他。我跟自己说:'我的上帝,多笨啊!'"

实际上在她那张不知羞耻的扁平的脸上面,在她那一对丧家的小狗般的狡猾的眼睛里面,我看到了一股真诚的悲哀和烦恼的闪光。

我把我身边带的钱全给了这个女子,从那时候起我就觉得我很能了解布罗克,而且他是跟我很接近的了。

我喜欢他那副严肃的面貌和他那个文艺复兴时期的弗罗伦斯人[①]的头。

---

① 第十三世纪在意大利的弗罗伦斯城开始了文艺复兴的运动。

人们背着人的时候

今天我看见一个穿淡黄色裤子的身材短小的女人,她有一头金丝发,配上一张仿佛没有长成似的小女孩的脸,她站在特洛伊次基桥上,用她那两只戴着灰手套的手握着栏干,她好像准备跳进涅瓦河里去似的,对着月亮伸出她的猩红的尖尖的小舌头。那个又老又狡猾的天上的狐狸①正悄悄地穿过一团龌龊的烟云;它很大,那一张脸红得像喝了酒一样。这位太太带了一种严肃的神情,而且据我看来还带着报复的神情,在嘲弄它。

这位太太唤起了我的记忆中的几件始终忘不了的"怪事"。每当我观察着一个人在背着人的时候怎样行动,我就看出来这人是一个傻瓜,我找不出别的话来形容了。

我第一次注意到这个的时候,我还是一个小孩。有一天那个英国的演马戏的丑角南达尔穿过马戏场的阴暗

---

① 狐狸:指月亮。

荒凉的廊子，他走过一面镜子跟前，揭起他那顶尖尖帽，恭恭敬敬地对他自己的像行礼。廊子里除了他自己以外，连一个人也没有；我那时候坐在他头上一个水槽里面，他看不到我；我呢，我也并没有听见他走过来，不过当他正在给他自己行礼的时候，我偶然从槽里伸出头来看见了。他的这个举动使我又痛苦又莫名其妙地呆了好一忽儿。后来我才明白：一个丑角，并且还是个英国人，为了他的职业和技术的缘故，倒是应当古怪的。

可是有一天我看见契诃夫坐在他的园子里，正在用他的帽子去捉日光，他想把日光跟帽子一块儿戴到他的头上去，他试了好些次，一点儿也不成功。我又看见这个捕捉日光的人因为失败动了气：他的面貌越来越显得烦恼了。最后他带一种忧伤的神情把帽子在他的膝上用力打一下，做一个粗暴的姿势拿它套到他的头上去，他不高兴地拿脚踢他的狗，随后眯一下眼睛，斜斜地望了望天，便动身走回屋去。他看见我站在台阶上，便含笑对我说：

"您好。您在巴尔芒特①的诗里面念过'太阳有青草的香味。'胡说！在俄国，太阳有着喀山的肥皂的气味，

---

① 巴尔芒特（K. D. Balmont, 1867—1943）：俄国象征派诗人。

在这儿,在克里米亚①,太阳的气味像鞑靼人的汗臭……"

又有一次他费了很久的时间,想了许多方法,要把一枝粗大的红色铅笔塞进一个小药瓶的颈子里去。这明明是想破坏物理学的定律:他居然认真地顺从他的这个想望,抱着一个科学实验者的不屈不挠的决心去做了。

列夫·N.托尔斯泰小声地问一只蜥蜴道:

"你过得好吗,你?"

这只蜥蜴正在狄尔白尔大道上一丛灌木中间一块石头上晒太阳;托尔斯泰站在它面前,一只手插进他的皮腰带里面。这个伟大的人物向他周围看了一眼,随后便对蜥蜴承认说:

"我呢,我却过得不好。"

化学家 M. M. 吉黑文斯基教授坐在他的饭厅里,问着铜盘子上面映出来的他自己的像:

"喂,老朋友,你还活着?"

像没有回答他。教授叹了一口长气,便十分小心地用他的手掌心揩拭他的像,一面皱着眉头,不愉快地摇动着他那根像喇叭管子似的鼻子。

---

① 克里米亚:俄国南部的克里米亚半岛。契诃夫当时在雅尔达养病。

有人对我说他有一天看见 N. S. 列斯科夫①专心地在做下面一件事情：他坐在桌子前面，把一团棉花举得高高的，丢进一个磁碗里面去，然后他伸起耳朵去听：棉花落到磁碗里面是不是会有声音呢？

……乌拉吉米尔斯基神父②把他的靴子放在自己面前，一本正经地对它说：

"喂，开步走!"

过后他问道：

"你不会吗？"

于是他带着傲慢而确信的口气断定道：

"这样很好。没有我你连一步也走不动。"

我在这时候走进屋子里来，问道：

"您在做什么，菲奥朵尔神甫？"

他注意地望了望我，便对我解释道：

---

① 列斯科夫（N. S. Leskov，1831—1895）：俄国小说家。
② "菲奥朵尔·乌拉吉米尔斯基神父……是阿尔沙玛司城的主教，后来做了第二届国会的议员——一个很了不起的人。……阿尔沙玛司城从暴君伊凡的时代起就是从水塘里取饮用的水……菲奥朵尔神父一心要找干净的水来供应全城，下了十二年的工夫私自察访阿尔沙玛司左近的隐藏着的水源。……我在警察监视下来到阿尔沙玛司的时候，发现他已经完成了汇聚泉水的工作。他虽然给苦工和不幸折磨得精疲力尽，在阿尔沙玛司的居民中，他却是第一个敢于跟我结交的。……我知道他儿子是个充军的政治犯，他女儿'因为政治'关在监牢里。我知道他已经为了找水而倾家荡产；像个叫化子那样过活着。"（摘录高尔基的《回忆安德列叶夫》，汝龙译。平明版）

"阿，就是这只靴子：它的后跟坏了。现在，连鞋子也做得坏了。"

我常常观察到人们在背着人的时候会又笑又哭的。有一个文学家，他一点也没有醉，而且他喝得很少，可是他一面哭着一面用嘴吹起一个手风琴的调子：

"我孤单地走在路上。"

他吹得很坏，因为他正像女人一样呜呜咽咽地哭着，而且他的嘴唇一直在发抖。泪水缓慢地从他的眼里流下来，消失在他的胡子和唇髭的暗黑的毛丛中去了。他是在一个旅馆的房间里面哭的，他的背向着窗子，他像一个游泳的人似地把两只手膀张开，可是他绝不是在做体操，因为他的动作又慢，又无力，并且没有节奏。

其实这都不是什么很奇怪的事：哭啊，笑啊都是可以理解的精神状态的表现，不致使我们狼狈的。有些人在田野上、在树林里、在草原上或者在海船上作孤独的夜祷，这事情也不会叫我们吃惊的。倒是那班实行手淫的人的确给了我们一种愚蠢的印象。虽然这也是自然的，它差不多总是叫人厌恶，有时候它还是很可笑的。并且还使人害怕。

有一个医科女学生，外貌非常不好看，又傲慢，又爱虚荣。她念尼采的书念到了愚蠢的地步。她粗俗而天真地大吹她的无神论，可是有一天她站在克南斯基的名画《荒野里的基督》（照原画复制的）面前。

"啊，来吧，"她哀伤地、轻轻地叹息说，"来吧，亲爱的，来吧，我可怜的，来吧。"

后来她嫁了一个有钱的商人，给他生了两个男孩子，却跟着一个马戏班的大力士逃走了。

我的隔壁房间里住的是一个渥洛涅日的地主，他断食了一整天，晚上衣服没有穿好，错走进我的屋子里来；我已经灭了灯睡在床上了；满屋子都是月光；我从帐子里面，看见我邻人的带笑的枯瘦的脸，同时我听见一个人小声地跟他自己谈着下面的对话：

"是谁？"

"是我。"

"这不是您的房间。"

"啊，对不起。"

"请吧。"

他不作声了，把整个屋子看了一番，理一下他的唇髭，照了照镜子，然后轻轻地唱道：

"我错了，了，了。我怎么搞的，呃，呃……"

在这之后他本来应该走了，可是他却在桌子上拿了一本书，把它立起来，又朝街上看出去，他带着责备的口气大声说：

"现在明亮得跟白天一样，而白天反倒是阴阴沉沉的，坏天气，——啊！搞得多坏啊！……"

过后他便踮起脚，摇摆着手膀走出去了，他很小心地关上门，连一点声音也没有弄出来。

要是一个小孩想用他的手指把书上的一张插图揭下来，这倒不是什么奇怪的事。可是看见一个学者、一个教授一心一意在做这种事情，并且东张西望，又侧耳倾听，好像害怕给人撞见一样，这就很古怪了。

这个教授仿佛认为谁都可以从纸张上揭去印好的图画，把它藏在他的背心的袋里面似的，有一两次他相信已经做成功了：他从书页上揭下来一点东西，像挟一个铜板似地把它挟在两根手指的中间，想拿它放进他的背心袋里去，可是等他将他的手指细看了一下以后，他皱起眉毛，在亮光下面将图仔细研究一番，又用手去剥那印好的图。然而他却没有成功，于是他丢开书，不高兴地顿着脚急匆匆地走了。

我很细心地把那本书翻了一遍；这是一本专门技术方面的著作，里面有电气发动机的插图；只有一幅贴上去的图是不见了。其实谁都知道人不能够用手指头把印在纸上的图揭下来，放在他的袋里。这位教授大概也知道这个吧,虽然他不是一个专门技术家,却是一个人文主义者。

女人在她们用纸牌占卜或者化妆的时候,常常有跟自己谈话的习惯。可是我有一回把一个女的知识分子观察了将近五分钟的工夫,她一个人坐在那儿吃巧格力糖,用一把铗子夹起每一块糖来,她就对它说:

"我吗,我就要吃你了!"

她吃了它,又问:

"不是吗,我已经吃掉你了?"

过后又是:

"我吗,我就要吃你了!"

"不是吗,我已经吃掉你了?"

她坐在一把靠窗的安乐椅上,一心一意地在做着这件事;这是一个夏天的傍晚,五点钟的光景;一个大都市的迷乱的市声从街中送进屋子里来。这个女人的面貌是严肃的,她的灰蓝色眼睛的视线集中在她膝头上放的那个糖盒子上面。

在某戏院的休憩的廊子里,一个到迟了的美丽的褐色头发的太太在镜子前面整理她的头发,用了相当高的声音认真地说:

"那么，就应该死吗？"

廊子里再没有别的人，只除了我，我也是来迟了的，不过那个褐色头发的太太并没有看见我，而且要是她看见我，我想她也不会对我提出这个有点不合宜的问题。

这种"怪事"，我看得很多。

亚历山大·布罗克站在世界文学社的楼梯上，在一本书的空白地方写字；突然间他靠紧栏杆，做出恭恭敬敬地让路给什么人的动作，而我却看不见那个人在什么地方。我正站在上面楼梯口上；当布罗克的带笑的眼光伴送着那个上楼的人到了上面的时候，碰到了我的也许带了点吃惊的表情的眼睛，他手里捏的一枝铅笔落在地上了，他俯下身子去拾起它来，一面问我道：

"我来迟了吗？"

译后记

收在这本小书里面的两篇短文是从高尔基的《杂记和回忆》的法文译本（一九二六年初版本）中选译出来的。法译本的全名是 Notes et souvenirs，译者仍旧是翻译《回忆托尔斯泰》等三篇的 Dumesnil de Gramont。《杂记和回忆》中讲到作家的文章就只有这么两篇，虽然高尔基遗留下来的关于他的同时代作家的回忆还有一些，但我至今没有机会读到它们。

日本的俄国文学研究者昇曙梦说过："高尔基的回忆的作品不但在艺术上有很大的价值，就把它们当作近代俄罗斯的文化史料看，也有很重大的意义。"

我同意他的话。我自己也喜欢高尔基的这一类的作品，我也高兴把它们介绍给我的读者。所以我译了《回忆契诃夫》，译了《回忆托尔斯泰》。

我觉得关于布罗克的回忆是一篇相当难译的文章。但我终于吃力不讨好地把它试译出来了。现在加上一些注解将它交给书店付排出版，也无非想给爱好俄国文学的人贡献一点材料。到了将来有人从原文译出高尔基的全部的"回忆"的时候，我的拙劣的译文便会欣然消去。

亚历山大·亚历山德罗维奇·布罗克生于一八八〇年十一月二十八日，死在一九二一年七月八日。他是著名的长诗《十二个》①的作者，曾被西欧的读者称为本世纪初叶俄国最大的诗人。苏联季莫菲耶夫批评《十二个》说："实际上，这篇长诗确以特殊的技巧和力量传达出了一九一八年那些伟大的日子的革命激情，传达出了这些日子的难以抑止的气魄和英勇精神，对旧世界的热烈的憎恨对未来的如火如荼的信心，以及浩大的事变和个人的欲望与思想的神妙的交织。……"②

《十二个》有胡斅和戈宝权的两种中译本。胡译本（卷末附有鲁迅先生的后记），已绝版。戈译本是前年刊行的③，除了优美的译文外，还附得有几篇研究布罗克的好文章。读过了高尔基的《回忆布罗克》以后，应当接着去念这本布罗克的诗。

中译者
一九五〇年五月

---

① 《十二个》：一九一八年一月写成，三月发表。
② 借用水夫的译文。
③ 时代出版社刊行，一九四八年七月再版本。

附录

《巴金译文全集》第五卷代跋（节选）

现在说到《文学写照》。

当初平明出版社要稿件，我为他们翻译了《回忆契诃夫》，接着又翻译了《回忆托尔斯泰》。两本书都是从法文译本转译的。后来借到一本苏联出版的英译本《文学写照》，我便翻译了全文。《文学写照》不是我自己编辑的，因此只有一个"出版说明"，这次我把它删去了。

关于这一部分，我只想说，高尔基替托尔斯泰夫人说了几句公平话。托尔斯泰家庭的悲剧，有个时期成了热门的话题，各有各的说法，两方面争论得很厉害。托尔斯泰是一个贵族大地主，有一大堆儿女，还有不少食客。要管理这样一个家很不容易。托尔斯泰夫人把全部精力都花在照料托尔斯泰和管理这个家上。她崇拜托尔斯泰，她曾为托尔斯泰抄过七次《战争与和平》的稿子。托尔斯泰不满意这种贵族生活，他要改变生活方式，几次想离家出走,却下不了决心。托尔斯泰不是软弱的人,但身上充满了矛盾,据说他晚年离家出走时留给夫人的那封信,已锁在抽屉里长达二十五年。托尔斯泰在艺术上成就越高,名气越大,就越想做到言行一致。他甚至认为艺术创造是"罪恶",他想离开艺术,只是为了资助他的信徒"灵魂的战士"移居到加拿大,他才继续写作,创作了长篇小说《复活》——他的三大杰作之一。托尔斯泰放弃版权,他的夫人却不得不出版他的著作以维持家用。我读过一篇文章,叙述托尔斯泰的家庭生活,说他们开饭的时候,托尔斯泰一坐上桌子,就皱起眉头,他的夫人紧张地问他:是不是菜不好?托尔斯泰苦笑着回答:菜太好了。托尔斯泰还发现,他的夫人偷看他的日记,其实她只是为了想了解他,以便更好地照顾他。她还想保护托尔斯泰,免受他那些狂热的"弟子们"的操纵和歪曲。而事实上,她越是想理解他,却越是难以理解他,他们的思想是背道而驰的。八十二岁高龄的托尔斯泰在小女儿亚历山德拉帮助下离家出走,病死在火车站上。托尔斯泰夫人受到很大打击,整个人都改变了。她在临死的时候,对亚历山德拉说:"我爱他,整整爱了一辈子,我始终是他的忠实的妻子。"我同意高尔基的看法:"她也是他亲密的、忠实的、而且我相信还是惟一的朋友。"

最后再转回到我的表哥濮季云身上。我最后一次看见他是在三十五年前。他是以公务员的身份从都江堰退休回来，我和他在成都少城公园喝茶谈天。我以为他可以平静安详地度过晚年，谁知道过了几天去看他，他已病倒在床上，床前放着一碗药汤，说是肝火太旺。又过一些时候，我去看他，他已迁居城外，据说患了晚期肺结核。没等我再去看他，他就离开了人世。对于他，我什么话也没有机会说，许多话藏在心里。他是我的第一个引路人，我如今找到自己的道路，却忘记了他。他一九三三年在上海要我帮他找工作，我没有办到，今天再一次想到往事，我责备自己是一个忘恩的人。现在把这卷书献给他，表示我的内疚。

巴金
一九九五年十二月七日

图书在版编目（CIP）数据

文学写照 /（苏）高尔基著；巴金译 . -- 杭州：浙江文艺出版社，2019.1
ISBN 978-7-5339-5477-2

Ⅰ. ①文⋯　Ⅱ. ①高⋯　②巴⋯　Ⅲ. ①高尔基（Gorky, Maxim 1868-1936）—回忆录　Ⅳ. ① K835.125.6

中国版本图书馆 CIP 数据核字（2018）第 263569 号

统　　筹：曹元勇
特约策划：巴金故居　草鹭文化
责任编辑：王丽荣
特约编辑：张　可　庄馨丽
封面设计：周伟伟
责任印制：吴春娟

文学写照

[苏] 高尔基　著
巴　金　译

出版：浙江文艺出版社
地址：杭州市体育场路 347 号　邮编：310006
网址：www.zjwycbs.cn
经销：浙江省新华书店集团有限公司
印刷：上海中华商务联合印刷有限公司
开本：787 毫米 × 1092 毫米　1/32
字数：173 千字
印张：10.25
插页：7
版次：2019 年 1 月第 1 版　2019 年 1 月第 1 次印刷
书号：ISBN 978-7-5339-5477-2
定价：48.00 元

版权所有　侵权必究

（如有印、装质量问题，请寄承印单位调换）

图书在版编目（CIP）数据

文学写照 /（苏）高尔基著；巴金译 . -- 杭州：浙江文艺出版社，2019.1
ISBN 978-7-5339-5477-2

Ⅰ. ①文… Ⅱ. ①高… ②巴… Ⅲ. ①高尔基（Gorky, Maxim 1868-1936）—回忆录 Ⅳ. ① K835.125.6

中国版本图书馆 CIP 数据核字（2018）第 263569 号

统　　筹：曹元勇
特约策划：巴金故居　草鹭文化
责任编辑：王丽荣
特约编辑：张　可　庄馨丽
封面设计：周伟伟
责任印制：吴春娟

文学写照

［苏］高尔基　著
巴　金　译

出版：浙江文艺出版社
地址：杭州市体育场路 347 号　邮编：310006
网址：www.zjwycbs.cn
经销：浙江省新华书店集团有限公司
印刷：上海中华商务联合印刷有限公司
开本：787 毫米 × 1092 毫米　1/32
字数：173 千字
印张：10.25
插页：7
版次：2019 年 1 月第 1 版　2019 年 1 月第 1 次印刷
书号：ISBN 978-7-5339-5477-2
定价：48.00 元

版权所有　侵权必究

（如有印、装质量问题，请寄承印单位调换）